ヤマケイ文庫

# 穂高小屋番
# レスキュー日記

Miyata Hachiro 宮田八郎

Yamakei Library

# 目次

## 第2章 遭難救助の現場から——人を助けるのは当たり前

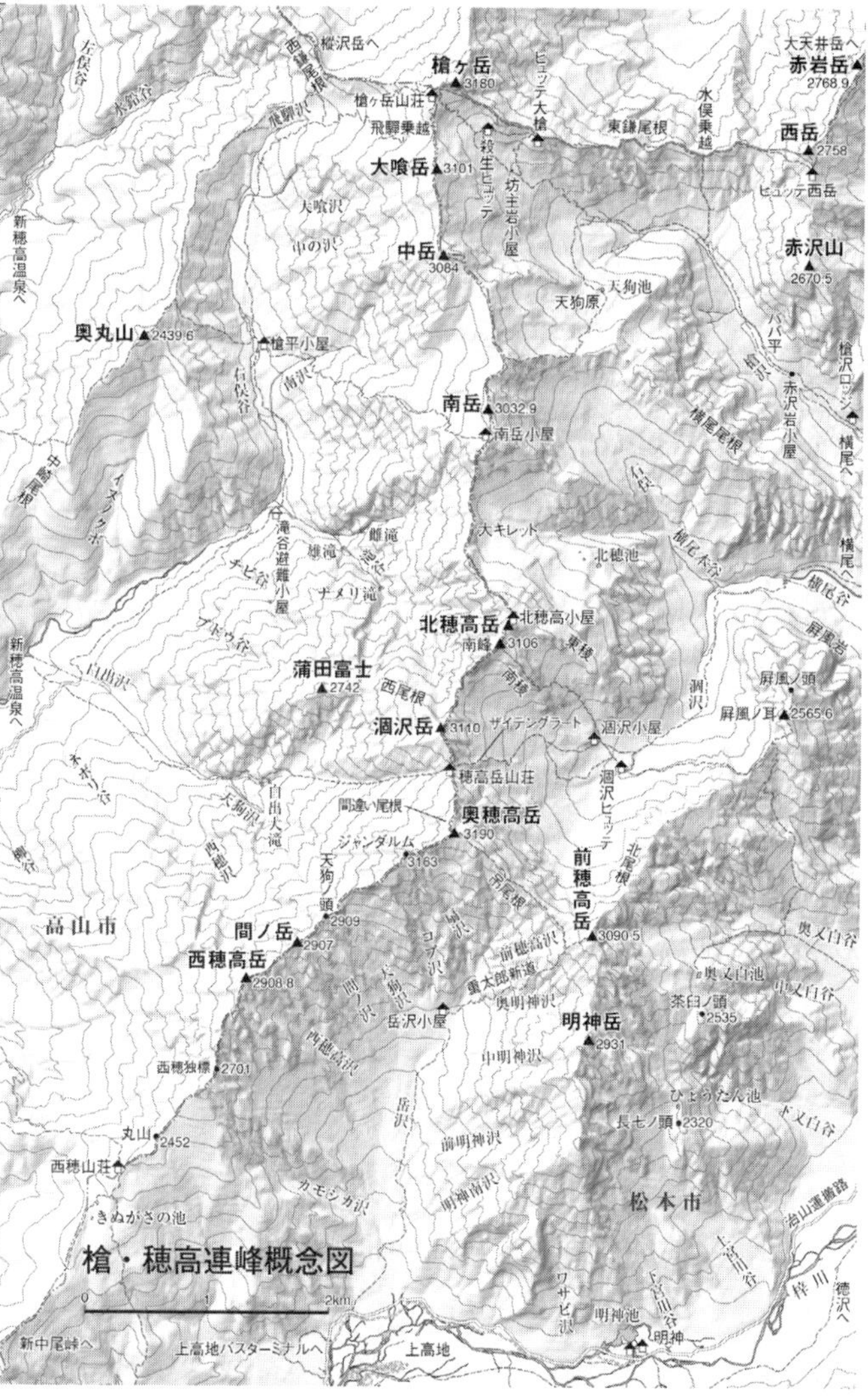

槍・穂高連峰概念図
0
1
2km
槍ヶ岳
3180
槍ヶ岳山荘
飛騨乗越
大喰岳
3101
中岳
3084
南岳
3032.9
南岳小屋
大キレット
北穂池
北穂高岳
北穂高小屋
南峰
3106
涸沢岳
3110
穂高岳山荘
奥穂高岳
3190
ジャンダルム
3163
天狗ノ頭
2909
間ノ岳
2907
西穂高岳
2908.8
西穂独標
2701
丸山
2452
西穂山荘
きぬがさの池
前穂高岳
3090.5
明神岳
2931
岳沢小屋
重太郎新道
奥明神沢
中明神沢
前明神沢
明神南沢
カモシカ沢
西穂高沢
岳沢
天狗沢
間ノ沢
コブ沢
扇沢
前穂高沢
吊尾根
北尾根
間違い尾根
涸沢小屋
涸沢ヒュッテ
ザイテングラート
涸沢
南稜
東稜
西尾根
蒲田富士
2742
滝谷避難小屋
雌滝
雄滝
滝谷
ナメリ滝
チビ谷
ブドウ谷
白出沢
白出大滝
天狗沢
西鎌尾根
槍平小屋
南沢
大喰沢
中の沢
飛騨沢
奥丸山
2439.6
石楠谷
中崎尾根
イヌクグリ
左俣谷
水鉛谷
新穂高温泉へ
新穂高温泉へ
ホボ谷
高山市
新中尾峠へ
上高地バスターミナルへ
上高地
明神
明神池
ワサビ沢
下宮川谷
上宮川谷
梓川
徳沢へ
治山運搬路
松本市
ひょうたん池
長七ノ頭
2320
茶臼ノ頭
2535
奥又白池
奥又白谷
中又白谷
下又白谷
屏風ノ頭
屏風ノ耳
2565.6
屏風岩
横尾谷
横尾本谷
横尾へ
横尾尾根
横尾へ
槍沢ロッジ
赤沢岩小屋
ババ平
槍沢
天狗池
天狗原
坊主岩小屋
殺生ヒュッテ
ヒュッテ大槍
東鎌尾根
水俣乗越
西岳
2758
ヒュッテ西岳
赤沢山
2670.5
赤岩岳
2768.9
大天井岳へ
槍沢岳へ

おことわり

＊著者の宮田八郎さんは二〇一八年四月、海の事故でお亡くなりになられました。
本書は、著者が単行本の刊行に向けて二〇一六年までに書きためておいた原稿をベースとし、和子夫人のご了解のもと、ブログなどに発表された原稿やパソコンに残されていた未発表原稿を整理して加え、一冊にまとめたものです。

編集＝萩原浩司（山と溪谷社）
編集協力＝山本修二
写真提供＝ハチプロダクション、岡田嘉彦、萩原浩司
撮影協力＝石川友康、山口浩一

# はじめに

穂高の山に生きて三〇年になります。

三〇年という歳月は人間にとっては決して短いものではありませんが、自然の時の流れから思えばほんの一瞬であるし、ぼく自身も「もうそんなに時が過ぎたのか」と不思議な感じもします。

ぼくが生きてきた穂高は、悲しい事実ではありますが、ことさらに遭難の多い山です。そのなかで長く仕事をしていると、遭難救助の現場に立つこともずいぶんとありました。そして救助経験を重ねるにつれてぼくは当然のことながら、人は山で命を落としてほしくはないと願うようになりました。

ぼく自身は、ことさら人より正義感が強いとか親切心に富むとかいうことはありません。むしろ世の平均から考えると、やや（あるいはかなり）いい加減で不真面目なタイプの人間であろうと思っています。そんな自分が、曲がりなりにも人助けをし、あまつさえ人命救助に携わってきたのは、ぼくが生きてきた穂高という世界では「人が人を救う」のがごく当たり前だったからだと思います。

右も左もわからぬ一〇代の若造が身を投じた穂高の山小屋の世界には、大自然の中でいともたやすく喪われてしまう命と、それを懸命に救おうとする男たちの姿がありました。その男たちのカッコよさに憧れ、いつか自分もああなりたいと夢中で過ごしているうちに、いつしかずいぶん時が経ってしまったというのがいまの心境です。

あのころの紅顔の美少年はいまやハゲのおっさんになってしまい、近ごろでは長年にわたる深酒と寄る年波から体力的な衰えは否めず、以前のように誰よりも速く遭難現場へ走ることも叶わなくなってきてしまいました。しかし一方で、近ごろでは若いころには考えもしなかった「人が人を救う意味」みたいなことを強く感じるようになってきています。そして「自分は穂高という特別な場所において人を救うという使命を与えられているのだ」という想いと、「自分をこれまで育んでくれた穂高への恩返しをしたい」という想いが、年々強くもなってきています。

山岳遭難において「救う」ことはもちろん大切ですが、そもそも事故を「防ぐ」ことこそさらに大切であると近ごろとみに思います。喪われてしまった命は、どんなことをしてももう救うことはできません。ですから、そもそも喪わないように、喪わせないようにしなければならないのです。

そのために穂高でぼくができること、ぼくにしかできないこと、そしてやらねばならないことはまだあります。それはたとえば、これまでの遭難の記憶と経験を広く語り伝えることもそのなかのひとつではあるまいかと考えるに及び、このたびこのように駄文をしたためるに至った次第です。

ぼくのこれまでの山小屋暮らしにおいて、多少なりとも登山者のお役に立ったことがあったとすれば、それは、これまでに救った命の数よりむしろ、喪わせずに済んだ幾多の命があったことでしょう。ささやかながらも、それこそを誇りたいと思います。

これから語ることが、穂高を歩く人たちの安全に少しでもお役に立つのならとてもうれしいかぎりです。

二〇一六年四月　穂高岳山荘　宮田八郎

装丁＝川尻裕美（エルグ）
本文デザイン＝樋口泰郎（エルグ）

# 第1章

# 穂高に生きる
## ――山小屋暮らし三〇年の日々

## 一〇代で穂高の小屋番に

ました。

穂高――。この美しい響きの名をもつ山で、ふと気づけば自分の半生を過ごしていました。

神戸の街育ちであったぼくが、何ゆえにかくも長きにわたってこの山と関わるようになったのか。いまだにその理由や動機といったものをうまく自分に説明できずにいます。きっと恋に落ちるのに理由が必要ないのと同じで、ともかく気がつけば惚れていたとしか言いようがありません。

ただ「穂高」というその名前に憧れを抱いたということはたしかにあるようで、この山にしてよくぞこの名をもったものだと思います。

ぼくはこの世の中で穂高がもっとも美しい山であると思っています。というより思い込んでいるといったほうがいいかもしれません。高さでいえば穂高より高い山は世界にはいくらでもあるし、登るのが困難な山もいくらでもあります。山容や景観だってもっとスゴい山がたくさんあるでしょう。でも、それでもなお、ぼくにとっては穂高がナンバーワンであるのです。それが「惚れる」ということなのでしょう。ですから、人から「穂高の何がそんなにいいの？」とか「なぜ穂高なの？」と尋ねられても、あまりちゃんとは答えられません。「なんか知らんけど、とにかくエエねんなぁ」くらいしか言えないのです。

ところがです。自分がそれほどに想いを寄せる穂高は、じつはかなりヤバい相手でもあったのです。〝きれいなバラにはトゲがある〟とは言いますが、〝トゲ〟どころの話ではありません。そう……穂高ではむちゃくちゃに人が死ぬのです。

これは誇るべきことでもなければ、大きい声で言えることでもないのですが、穂高のこれまでの遭難死亡者数は日本一、いや世界一ですらあるかもしれません。ナンバーワンじゃなくてワーストワンなのです。ギネスブックには谷川岳が累積死亡者数八〇〇余人で世界一の「魔の山」として載っているそうですが、穂高は長野と岐阜の両県にまたがるためその正確な死亡者数の記録はありません。しかし毎年毎年、ぼくの実感では少なくとも一〇人以上の方が穂高で亡くなっています。そして近年の山岳遭難の増加傾向のなか、二〇一四年、二〇一五年はなんと年間二〇人以上の方が穂高で遭難死しているのです。こんな、とんでもない山はほかにありません。

穂高は前衛となる山並みに隠されていて人里からはその全容を望めません。それゆえ富士山や立山のように古くからの信仰の対象とされることはありませんでした。また、その峻険さゆえ狩猟の場ともならず、永く人々に知られる山ではなかったのです。穂高の「穂」は「秀」と同語源で、「穂高」とは「秀でて高い」の意。その存在ははるか人里遠くの神秘の峰として崇められていたのでしょう。

そんな穂高が人々に広く知られるようになったのは、アルピニズムの場としてです。明治時代に日本に紹介された「アルピニズム」とは、狩猟や信仰を目的とせず、山へ登ることそのもの、つまりスポーツや娯楽としての登山をいいますが、その言葉の奥には「より高く、より困難に」を目指す冒険的な匂いが感じ取れます。人が山へ求めるものは一般に、安らぎや癒し、感動や健やかさであるわけですが、他方ではそこにスリルや困難、もっといえば危険すらを敢えて求めてしまう。それがいわゆるアルピニズムです。それゆえアルピニズムと遭難とは切っても切れないものなのです。

日本におけるそのアルピニズム実践の場として始まった穂高の歴史は、つまり遭難の歴史でもありました。槍ヶ岳の冬期初登頂者であった登山家、大島亮吉の前穂北尾根での墜死があり（一九二八年）、また井上靖の小説『氷壁』のモデルとなった前穂東壁でのナイロンザイル切断事件（一九五五年）、西穂稜線独標での松本深志高校落雷遭難事故（一九六七年）など、社会に大きな衝撃を与えた遭難事故がいくつも起きています。近年においても、年末年始や大型連休にはもうほとんど年中行事といっていいくらい穂高での遭難事故が報じられています。ともかく穂高といえば遭難、遭難といえば穂高というくらいのことになってしまっているのです。

その穂高で最古の歴史をもつ山小屋が、穂高小屋（現、穂高岳山荘）です。

穂高における近代登山黎明期の大正の終わりころ、飛驒地方の山案内人であった今田重太郎は穂高稜線でのガイドの最中に風雨に遭い、命からがらの思いをしました。その体験をきっかけに避難小屋の必要を痛感した重太郎は山小屋建設を決意します。そして、当時まだほとんど整備もされていなかった登山道を拓き、すべての資材を人力で背負い上げるという血のにじむ労苦を重ねた末、大正一四（一九二五）年に穂高小屋は建てられたのです。

つまり穂高岳山荘（穂高小屋）は、その誕生の瞬間から遭難救助の最前線となる宿命であったといえます。

さて、高校を卒業したばかりのぼくは、まるで何かに突き動かされるようにその穂高岳山荘に身を投じました。

でも、なにも遭難救助をやりたくて小屋へ入ったわけではまったくありません。というより穂高がそんなに遭難の多い山だとは思ってもみなかったのです。もちろん日本有数の険しい山であることくらいは知っていましたが、まさかそんなにしょっちゅう人が死ぬところだなんて思いもしなかった。そのころのぼくが思い描いていたのは、それはなんというか、もっとロマンに溢れた、たとえば「アルプスの少女ハイジ」みたいな世界であったのかもしれません。「だったらそもそも行くべき山が違うやろ！」といまのぼくならツッコミを入れますけれど、当時はほんとに何にも知らなかったのです。

そんなボウヤが身を置くにしては、穂高岳山荘という山小屋の世界はキョウレツでした。

何がそんなにキョウレツだったかというと、まずもって小屋のあるじ、今田英雄さんの存在です。ぼくがこれまでの人生で出会った人物の中で、この人ほど強烈な方はほかにいません。「お山の大将」という言い方があります。本来それは〝狭い範囲の中で自分がいちばんだと得意になっている人のこと〟をいい、愚か者を意味するわけですが、英雄さんはオソロシく頭の切れる「お山（穂高）の大将」であって、ぜんぜん愚かなどではありませんでした。なにしろ「船の船長と、飛行機の機長と、山小屋の主には司法権があるんや」と言ってはばかりなく、まさしく英雄さんが小屋では法律でありました。

山小屋とは宇宙船みたいなものかもしれない、と感じることはたしかにあります。小屋の中ではストーブが焚かれ、登山者たちがコーヒーとか飲みながらぬくぬくと過ごしているのに、その板壁一枚外側にはおよそ人の生存を拒むような猛烈な風雪が吹き荒れているときなど、山小屋は外界とは隔絶されたシェルターとなります。ましてその吹雪の中で遭難が起こっていて、人の生き死にが揺れ動いている事態のときなどには、小屋の中と外ではまさに天国と地獄。そのあまりの違いに愕然とさえしてしまいます。

そもそも標高三〇〇〇メートルの世界というのは、およそ人間の日常生活が許されない環境です。その自然の猛威の中で小屋を維持していくことそのものが、山小屋仕事の大半です。小屋を訪れる人々からお金を頂戴する営業活動は山小屋の表の顔であって、じつはそこで生活していくこと自体に力の大半を注ぎ込んでいるのが小屋番たちであるのです。その〝山賊たち〟の巣窟が山小屋であり、その大将が英雄さんであったわけです。

たとえば当時、小屋でよくいわれていたのに「社長ハンも会長ハンも、山じゃタダの人」というのがあります。下界の肩書きなんぞ山では何の役にも立たない、というくらいの意味ですが、そうした下界の価値観をコケにしてしまうような感じは、なんだかぼくにはとても痛快でもありました。混雑した山小屋で、いくら特別料金を払うからといっても個室をご用意することはできません。山小屋とは、まず何よりも登山者の命を守ることが大事な使命ですから、「きょうはもう満室デス。悪しからず」とは絶対に言えません。その日訪れた人は何がなんでもお泊めする、というのが基本です。限られたスペースをできるだけ平等に使ってもらえるようにするわけで、下界のようにお金では解決できないのです。

それゆえ夏のハイシーズンには朝四時から夜九時まで、押し寄せる登山客のお世話に、それこそ必死のパッチでブチ働きました。で、駆け出しのぼくがヘマをして振り返るとそこには必ずといっていいほど、なぜか英雄さんがいるのです。「振り返ればイマダヒデオ」状態。そうして英雄さんにはことあるごとに「オイっ、ハチ！」と叱られ、怒鳴られ、まぁ怒られたこと怒られたこと。なので内心ずっと（「このクソおやじっ！」）と思っていて、ぼくよりずっと小柄な方ですから、体力勝負のケンカでもすれば絶対勝てるやろくらいに思ったのですが、実際には、あの鋭い目で睨まれるともうダメでした。盾突くどころか口答えひとつできるような存在ではなかったのです。それはもう、たとえばベートーベンの交響曲第三番のCDジャケットの「英雄」という文字を見ただけでドキッとしてしまう始末で、後年ぼくが小屋の支配人となったあるとき、やんちゃなバイトがぼくの背後から英雄さんの口調を真似て「オイっ、ハチ！」とやって、ぼくはその場で振り向きもできず「ハイッ！」と直立不動になってしまい大笑いされたことがあります（もちろんあとでそのバイトにはヒドい目に遭わせましたけれど）。

英雄さんは、それまでの旧態依然とした山小屋に新風を次々に吹き込みました。たとえば山小屋にいち早く風力発電と太陽光発電の自然エネルギーを導入したのもそのひとつです。しかもそれはある大学の研究室との協力のうえで推し進めるというもので、ぼくは新人のころ、山小屋になぜこんな最新の観測機器やらすごい設備があるのか不思議に思ったものです。また、し尿処理や生活飲料水の確保など山小屋としての基礎となることに次々と斬新なアイデアを出し、それを実行していったのです。

ともかく次から次へと英雄さんが打ち出す仕事を、ぼくはぺーぺーの下っパとして夢中でこなしていきました。でもたいてい、それが何をしようとしているのかがわからず、「アノぅ、コレどうなるんデスか？」と尋ねると「オマエはなんも考えんでエエ！　カラダだけ動かしとれ！」と叱られたものです。ともかくその「天上天下唯我独尊」ぶりは凄まじく、英雄さんのいる小屋にはいつも緊張感がみなぎっておりました。

## はじめて出動した遭難現場

ぼくのはじめてのレスキュー現場は白出沢《しらだし》でした。

それはもう夏の終わりごろだったと思います。安定した晴天をもたらしていた太平洋高気圧の張り出しが弱まって、低気圧が発生した悪天候の日でした。奥穂高岳山頂から穂高岳山荘へ下山中の単独行の人が稜線上から飛驒側斜面へと迷い込み、数日後に白出沢で発見されるという死亡事故がありました。

事故当日から数日間は大雨が降り続いていたため白出沢を歩く登山者の姿はなく、ようやく通りがかりの登山者によって発見されたのは行方不明となって三日が過ぎた後でした。

通報を受けた穂高岳山荘では当時の支配人、神《じん》憲明さんを中心に収容方法の検討がなされました。そのころには雨はやんではいたものの天候は回復せず、周囲の視界も悪くてヘリでの収容は当分見込めませんでした。現場である白出沢のセバ谷付近から山荘までは標高差で約五〇〇メートル、直線距離で一キロほどです。神さんは神岡警察署（当時）と協議の結果、山荘から出動の数人と下からのサポート隊とで、人力で小屋へ収容するという方針を決めました。

当時のぼくはまだ一〇代の小屋番一年生。ラグビーで鍛えた体力だけには多少の自信はあったものの、山の技術や知識はからっきしのヒヨッコでした。そのくせ春からの数カ月の山小屋暮らしで、気分だけはイッパシの小屋番を気取っていたようです。

穂高の小屋に身を置いていると、否応なしに見聞きするのが山の遭難でした。山岳遭難というとそれまで新田次郎の小説くらいでしか知らなかったものが、穂高では現実の出来事として人の命のやり取りが身近で起きてしまうのです。そのレスキューに、各山小屋のエース級の猛者たちや救助隊の方々が出動する姿を眺めては、「スゴいなぁ、おれも早よあんなふうになりたいなぁ」と憧れのマナザシで見ていたものです。

それがなんと、その白出沢の一件に際して、神さんからメンバーの一人にぼくの名前を告げられたのです。いまになって考えてみると、当時の小屋にはちょうどほかに適当な男衆はおらず、単にぼくは頭数のうちの一人だったにすぎないのですが、やる気にはやるぼくは「おぉっし！　やったるでぇ！」とひそかに鼻息を荒くしたのでした。

小屋のすぐ裏手から飛騨側の右股谷へ向かって一直線に落ち込む白出沢は、穂高岳山荘の歩荷（ボッカ）道であり、山荘の小屋番にとっては「通勤路」ともいうべき登山道です。いまでは通算で一〇〇回以上もたどって歩きなれた、親しみと安らぎを覚えるこの山道も、当時のぼくには歩荷の重荷にひたすら喘ぐ地獄のような道のりでした。でもその歩荷のおかげで夏の終わりのそのころには、空身であれば普通の登山者の倍以上の速度で歩けるようにもなっていたのです。

現在ではすべての物資をヘリ輸送で行なう山小屋において、当時はまだ歩荷が残っていたことをぼくは幸運に思います。振り返ってみると、あの歩荷はぼくの小屋番としての成長にとても大切な修業であったと思うのです。三五キロの荷を背負って標高差一五〇〇メートルの雪渓あり岩場ありの白出沢を登るのは、いかに自分を鍛えてくれたことか。当時のぼくは「なんでこんなもん背負わなアカンねん。ヘリで上げたらエエやないか、ヘリで！」と、いつも内心悪態をつきながらヒイヒイ言っていたのですが。

さてカッパを身に着け必要な装備を携えた収容隊の面々は、急傾斜につけられた白出沢の石組みの道を、岩が濡れて滑りやすいことなどまるで関係ないかのように駆け下りていきます。谷底から吹き上げてくる猛烈な風に一瞬たじろいだものの、遅れをとってはならじとその背中を必死で追いかけました。標高差約五〇〇メートルをものの三〇分ほどで下降したでしょうか。稜線の強風はそこにはなく、なにかどんよりとした陰惨な空気が急斜面のガラ場を覆っていました。視界も二、三〇メートルほどしかありません。

やがて先輩たちが足を止めた前方の、大きな岩の陰に青い塊が横たわっていました。見るともなしに目をやると、その手足はなんだかあらぬカタチに曲がっていて、ぼくにはそれが人であるとはすぐには認識できず、およそ何か異質なものにしか見えませんでした。しかし辺りのなんともいえない臭気にすぐに現実に引き戻され、それが紛れもなく亡くなった人であることに気づかされたのです。

普通に暮らす多くの若者がそうであるように、それまでぼくは死体を見るという経験はほとんどありませんでした。正確に言うと幼稚園のときにじいちゃんが亡くなったときの一度きりです。だからその遭難者の姿にさぞ衝撃を受けたかというと、不思議とそうでもありませんでした。なぜかそのときには、恐ろしいとか気持ち悪いとかのマイナスの感情はほとんど抱かなかったのです。それは周囲に対する強がりであったのかもしれませんし、これからその遺体を山荘まで運ぶという大仕事が待っていたからかもしれません。何より、はじめての遭難現場にぼくはいささか緊張しすぎていたようです。

先輩たちはまずその亡骸を囲むように合掌します。ぼくも慌てて手を合わせ、本来ならご冥福をお祈りすべきところを（「では……　気合を入れて扱わせていただきます」）とトンチンカンなことを心の中で思っていました。

「じゃあ、ちょっとそっちまで移動させてからだな」ある先輩の言葉を皮切りに、皆がそれぞれ収容のための作業を始めます。三角巾で顔を覆う者、収容のためのシュラフ（いまでは遺体収容専用の袋があります）を広げる者、作業をしやすいように付近の岩を均《なら》す者――。皆がそれぞれの役割を果たしていくなか、何をしていいのやら戸惑うぼくに「ハチ、お前ちょっとそっち持て」と遺体の足の方を指差され、顔の方を持てと言われなかったことに内心ちょっとホッとしながら、無我夢中で手を差し入れました。岩でもない木でもない、その独特の感触にちょっとたじろぎながらも「エイやっ！」と持ち上げます。すると一人が手慣れた感じで、持ち上げたぼくの腕ごと遺体をシュラフで包み、それからあれよあれよという間に全身をシュラフへと納めていきます。その作業中、ぼくはその亡骸とほとんど抱きかかえるぐらいに密着度が増して、そのころにはもう臭いもへったくれもなく、ただただ必死で目の前の事に当たっていました。

やがてジッパーを閉めたシュラフをシートで包み、シュリンゲでグルグル巻きにして六人で持てるように引き手を付けます。どうやら一人で背負うのではなく、皆で持ち上げながら運ぶようです。そうして梱包された遺体は、つい先ほどまでは紛れもなく「ヒト」であったのに、そうした処置をしてしまうとそれはもう「モノ」になってしまったかのようでした。そして、その一連の作業中は誰も不必要な言葉を発することはなく、「粛々と」という形容がまさしく当てはまる雰囲気の中で進められていきました。

やがて搬送の準備が整うと先輩たちは一段落といった感じで一休み。そしておもむろに持参のにぎり飯で腹ごしらえをはじめました。ぼくもそれにならってにぎり飯にかぶりつきましたが、ビビっているのと緊張しているのとで何の味もしませんでした。でも腹が減っては力が出せないことは、これも歩荷で経験済みです。無理ヤリにでも食べねば仕事ができないことを学んでいました。

それから数時間、収容現場から山荘までかなりの標高差と距離を搬送したはずなのですが、しんどかったとか大変だったとかの印象はあまり残っていません。両脇を三人ずつで持ちながら運ぶのですから必ずしも足場の安定した登山道を踏めるわけではなく、岩を落とさず自分もバランスを崩さないよう、ともかく目の前の一歩一歩に没頭していたようです。やがてまた降りはじめた雨の中、運んでいるのが遺体であることも途中からはとくに意識することもなく、ただひたすら頭上の山荘を目指したのです。

やがてたどり着いた山荘では、あるじの今田英雄さんが「おぉ、皆ご苦労やったゾ」とねぎらいの言葉をもって出迎えてくれました。春に小屋に入って以来、ぼくは英雄さんにはおよそ叱られることはあっても、褒められたことなんていっぺんもなかったのでちょっとびっくりでした。

運んできた遺体はヘリが飛ぶまで冬期小屋の土間に安置したのですが、ようやく雨から逃れて屋根のあるところに落ち着いた皆は、ヤレヤレとばかりに一斉にタバコを口にしました。その煙と濡れた体からの湯気とで狭い土間はモウモウとなって、(「あぁ、なんか線香を焚いとるみたいやな……」)などと思いつつぼくは佇んでおりました。

やがてその日も山荘の厨房では慌ただしくお客さんの夕食準備が始まります。連日数百名の食事を用意する山小屋では朝夕の食事時はいつもスタッフの総力戦です。ぼくもパンツまで濡れた服を着替えて、さっそくその戦列に加わります。そうして普段と変わらぬ作業に没頭していくと、ついさっきまで遭難現場からの遺体搬送に参加していたなんてまるでなかったかのように感じます。それでいてぼくは、目の前の日常の人の営みと、山での人の死というもののそのあまりのコントラストに、なんだか妙な戸惑いみたいなものを感じていました。それはまるで、映画館の暗闇で別世界の物語にひたったあと表へ出てみると、外はまだ明るい日常であったときに覚えるあのちょっと奇妙な感じとでも言えばよいでしょうか。

その日の仕事を終え先輩たちとイッパイ飲っているときも、昼間の収容作業の話は誰もしなかったように思います。でもはじめての遭難現場を経験して幾分興奮気味だったのでしょうか、その夜は寝床に入ってもぼくとしては珍しくすぐには寝つけませんでした。穂高でたくさん人が死んでいることは、なんとなく聞かされていました。そして実際に山での死というものにはじめて接したものの、その出来事をどう捉えればよいのかよくわからなかったのです。

その遺体収容がぼくにとってのはじめての遭難現場となったわけですが、そこには、レスキューというものに憧れ、端から見て思い描いていたカッコよさみたいなものはみじんもありませんでした。それは陰惨で過酷なものでした。でも、まだ駆け出しの小屋番であった当時のぼくは、山岳遭難の本当の意味での残酷さや悲惨さをまだ知りませんでした。

## 憧れと修業と研鑽の日々

ぼくが小屋番としての修業に励んでいた一九八〇年代、およそ穂高界隈で遭難救助に関わる者で知らない者はいないないキーワードがありました。

それは「トウホウ」であり「シノさん」です。

「トウホウ」（東邦航空）を率いる「シノさん」（篠原秋彦氏）は、日本の山岳遭難救助にヘリコプターによるエアレスキューの革命をもたらした人物です。それまでのヘリによる救助というとヘリポートに離発着して行なう類いのものであったのを、シノさんは積極的に山中から遭難者を救い出すことをやってのけたのです。

ぼくがはじめて東邦航空によるそのエキセントリックなレスキューを見たときは、とにかくぶっ飛びました。はるか虚空から爆音とともに山岳高性能ヘリ「ラマ」に乗って現れたシノさんは、やおらワイヤーロープでヘリからぶら下がったかと思うと、あれよという間に遭難現場へ向けて空中を飛んでいき、やがて瀕死の遭難者を抱えて大空から還ってくるのでした。

それはまさしく山のスーパーヒーローでした。ほんとうにスゴかったし、シビレました。

「すげぇ！」

「カッコいいっ！」

「オトコはあれやっ！」

男子たるもの、あの姿に感激しない者はいないはず。当然ぼくもその勇姿と、あのアクロバティックな「長吊り（センタースリング）」レスキューに猛烈な憧れを抱きました。

でもいくら「オレもああなりたいっ！」という強烈な思いを抱いたとしても、当たり前の話ですがそれですぐにヘリにぶら下げてもらえるワケはありません。何しろレスキュー現場は真剣勝負。体力、技術、経験、そして判断、つまりは山の総合力が問われるプロフェッショナルなものです。わずか一年や二年の山小屋経験で遭難現場で使える人間にはとうていなれません。ましてや「長吊り」でヘリにぶら下がるには、そのチームでもエース級の実力がなくては叶わぬことでした。

現在の北アルプスで遭難救助を担うのは「遭対協」という組織です。長野、岐阜の両県にまたがる穂高では「長野県山岳遭難防止対策協会」「岐阜県北アルプス山岳遭難対策協議会」というそれぞれの遭対協が関わります。遭対協は警察、各市町村、山小屋、案内人組合などで構成され、地元警察署（現在は長野県であれば松本署、岐阜県であれば高山署など）がその中心を担います。

山小屋従業員も遭対協の隊員として登録されているのですが、そもそも各山小屋は遭対協の結成されるずっと以前から、つまりは山小屋がそこに建てられた瞬間から、その山で起こる遭難事故への対処を担ってきています。そんな法律や決まり事があるわけでもありませんが、山小屋というものは単なる宿泊施設としてだけではなく、ある意味その山域の安全と管理を担っています。たとえば穂高岳山荘であれば、涸沢方面はザイテングラート取付まで、北穂は最低コルまで、前穂は紀美子平まで、西穂は天狗のコルまでというような、遭難救助や登山道整備での暗黙の守備範囲が存在します。

昔は携帯電話がありませんでしたから、遭難事故の第一報というのはたいてい現場にいちばん近くの山小屋にもたらされるのが常でした。いきおい山小屋が救助の最前線となります。いまでこそヘリ救助が主流となり、隊員が直接現場に降下しての救助も可能になりましたが、悪天時や夜間ではそうもいかず、まずは近くの山小屋から現場に向かうというのが山の遭難救助の基本だったのです。

ぼくが山へ入った当時の穂高界隈には、「レスキューといえばあの人」みたいな番頭さんなりベテラン従業員なりが各山小屋に存在していました。穂高岳山荘は支配人の神憲明さん、涸沢ヒュッテは山口孝さん、涸沢小屋は新井浩夫さん、岳沢ヒュッテには安井秋雄さん、北穂小屋には足立敏文さん——。いずれの方も、ぼくが憧れ、学び、教えられてきた諸先輩であります。

さて考えてみると不思議というか変な話なのですが、シノさん率いる東邦航空はそうした遭対協の枠の中にはありませんでした。カタチとしては警察からの依頼を受けて要救助者の搬送や救助に関わる人員輸送なりを行なうヘリ会社ということであったのです。

ところが〝無頼の山男〟であったシノさんは「同じ山を愛する者として、山で助けを求める人がいるなら助けてあげたい」という強い思いから、ヘリ会社の営業マンという立場を超越し、自分自身が救助現場最前線の隊員として、さらにいうとその遭難救助の実質的なリーダーとして、幾多のレスキューを「仕切って」いたのです。

誰の言葉であったのか定かではありませんが（たぶん山学同志会の小西政継氏か穂高岳山荘の今田英雄氏）、「山に民主主義はそぐわない」というのを聞いたことがあります。どういうことかというと、山の現場（それがレスキューであれクライミングであれ）の極限状況では、皆であれこれ協議をしてから物事を決めていたのではダメだということです。そのやり方が正しいかどうかはともかくとして、強力なリーダーの断固とした方針や判断のもとに皆が一致協力して動くことこそが有事には求められるということでしょう。そして当時の遭難救助では、シノさんこそがまさしく皆のリーダーの中のリーダーであったのです。

実際、ことヘリ救助ということに関して篠原秋彦ほどの人物をぼくはほかに知りません。窮地の人を救おうとする情熱、天候変化に対する野性的な勘、絶望的な現場にも立ち向かおうとする闘志、過酷な現場での沈着冷静な立ち振る舞い、千変万化の状況下での的確で素早い決断力、それがヤレるかヤレないかのギリギリの見極め——。ともかくレスキューにおけるその能力は卓越したものがありました。あの小さな体から発散されるオーラというか気迫には、ぼくはいつも圧倒される思いでした。

そして、シノさんを語るのに決して外せない言葉が「気合」です。

「気合入ってりゃあラク（落石）なんて向こうがよけて通るっ！」

「気合入ってねーヤツが現場なんか来んなっ！」

「気合入ってねー小屋のブツなんか上げんっ！」

と、とにかく「気合」。

そんなシノさんですから、普段の仕事ぶりも気合入りまくりであり、小屋の荷揚げ予定日が近づくと小屋ではそれはそれは張りつめた緊張感が漂っていたものでした。

穂高岳山荘は一九八〇年代の終わりころに別のヘリ会社から東邦航空に荷揚げを託した、いわば後発の新参入組であったのですが、その当初などは荷揚げに使うモッコ（輸送用ネット）を山麓のヘリポートへ回収荷として下ろすと、次の便で荷物ではなく突然シノさんが上がってきて、

「キサマらァ、なにふざけたモッコの畳み方やってんだ！　ヘリを落とす気かっ！　気合入れろっ！　気合っ！」

と、ものスゴい勢いで怒鳴られたことがあります。ヘリ物輸では些細なことが大事故につながるのを知り尽くしたシノさんだからこそではあるのですが、そのときは「なんちゅうオソロシいおっさんや……」と思ったものでした。

山の救助は常にチームプレーです。漫画「岳」の主人公・三歩くんのようなスーパーマンが一人で成すものではありません。もしも実際に現場に一人で臨まなければならないような状況なら、それは救助そのものをやってはならない事態といえます。

チームプレーで重要なのは、周囲の仲間との信頼関係です。なので、まだ小屋番としてぺーぺーであった当時のぼくとしては、ともかく遭難救助の現場に出してもらえ

るような力をつけないことにはお話になりませんでした。日々のボッカで基礎体力を養うことはもちろん、道直しやレスキューの使いっ走りで動く機会があれば登山道をともかく走る。あのころはどこへ行くのもだいたいコースタイムの半分から三分の一ほどが相場で、たとえば穂高岳山荘から前穂、ジャンダルム、北穂へはそれぞれ三〇分以内が当時の目標タイムでした。

そんな新人時代のある日のこと。夏山シーズンが終わり、秋の冷たいガスが流れるころだったと思います。

涸沢岳直下のクサリ場で登山道補修の作業をしていた山荘の先輩スタッフ二人が突然の落石に巻き込まれる事故がありました。両名とも命は取り止めたものの、一人は足を骨折、もう一人は頭部に裂傷を負って血まみれです。現場は稜線から五〇メートルほど下の、急傾斜のガレたルンゼ内。山荘支配人の神さんが陣頭指揮を執って救助に当たったのですが、現場へお供したぼくに、

「ハチっ、ロープもう二本、小屋から持ってこい!」

「ハイっ!」と全力で涸沢岳を駆け下り、必要な品を携えてこんどは駆け上がる。するとまた、

「ハチっ、ハーケンが足らん！」

「ハイっっ！」

「ハチっ、止血用のタオルと消毒薬をもっと！」

「ハイっっっ！」

ってな具合に、いったい何回現場と山荘とをダッシュで往復したことやら。標高三〇〇〇メートルの希薄な酸素の中で走ると、ノドは血の滲んだような感じになるし、やがては体の末端が痺れたようにもなってきます。とうとう幾度目かのダッシュで（「こっ、こらアカン。これじゃあオレのほうが遭難しそうや……」）とも思ったものですが、一方では、そうしたときにこそ死にものぐるいでヤルことでしか周囲の信頼は得られないと必死でした。


そんな「きっといつかはオレもヘリにぶら下がるんだっ！」との熱き思いを抱くなか、ぼくが篠原さんと同じような多大な影響を受けたもう一人の方が涸沢ヒュッテの山口孝さんです。

タカシさんは、いまではぼくにとっては「兄貴」と慕う小屋番の大先輩であります。そしてこれまでに実際の現場でいくつも大切な「レスキューの心構え」を教わってきました。その中のひとつに「助ける相手への責任とプライドを持て」というのがあります。つまり「私があなたを助けます。なので、あなたの命は私がお預かりさせていただきます」という強い気持ち。

いったん遭難現場に救助に入ったなら、そして相手が生きてさえいてくれたなら、それは何がなんでも助けねばなりません。「こらアカンわ、ムリ。ほなサイナラ」とは絶対にできないのです。それがどんな状況であれ、何とかする。何とかせねばならない。それが、ぼくが山小屋での仕事を通して叩き込まれた、いわば山の掟みたいなものです。

新人のころ、チェーンソーを使っていてヘマをして、釘みたいなものでチェーンを切ってしまったことがあります。で、先輩に「チェーン切れました!」と報告すると、返ってきた答えは「ほな、つないで」。またあるときには除雪中にスコップで窓ガラスを割ってしまい、それを言うと「じゃあ、直して」。つまり教えられたのは「オマエが何とかせえ」ということでした。

山小屋では、たとえば水道が破裂したとか、電気がつかないとか、ウ○コが流れないとか、そういう日常のトラブルは自分たちで解決しなければなりません。いちいち山の中に修理屋さんを呼ぶわけにいかないのです。雪に埋まった春の小屋で、営業開始を直前にして除雪機が壊れたからといって、「ダメだ」とは言っていられません。たとえスコップ一本であろうと雪をどけてお客さんを迎え入れなければならないのです。ともかく「なんとかする」という気概と根性は、小屋番の基本中の基本。

　そして、それがもっとも求められるのが遭難救助現場であることを、ぼくはタカシさんから教わりました。


　シノさんとタカシさんはともに一九四七年生まれの亥年。レスキューに関わりはじめたのもほぼ同じころであり、一九七〇年代のヘリ救助の黎明期、歩荷で鍛えたタカシさんは自分が背負っている遭難者をヘリに託すことにエラい屈辱というか、「負けた感」があったそうです。当時、自分が助けた遭難者をヘリが後から来て〝カッサラッていく〟と（タカシさんはそう表現していました）、「フザケンなよ！　その遭難者おれンのだろーがっ！って思ってたなー」とか。それを聞いてぼくは目が点になってしまったのですが、タカシさんはマジでヘリと競っていたというか、「ヤツらはガスると飛べねーし、風吹くとダメだし。でもオレたちゃ雲ン中でも雨ン中でも、おにぎり二個ありゃどんだけでも行けるかんな！」と意気軒昂であったそうです。

　そんなシノさんとタカシさんは、やがていくつもの遭難現場を共にするうちに互いを認め合い、穂高を守る最強のレスキューコンビとなります。そのお二人が「長吊り」で次から次へと急峻な岩場から遭難者を救助していく姿にはほんとうに憧れました。

シノさんはよく「顔も知らないヤツとは現場なんか行けねーよなぁー」と言っていました。ですからともかくシノさんやタカシさんに顔と名前を覚えてもらうこと、そして認めてもらうこと。それが当時のぼくの最大の目標であったのです。

なので、東邦航空との日常での物資輸送も真剣勝負でした。当時、シノさんのその仕事ぶりは「嵐のよう」と評されましたが、「日本全国出たトコ勝負協会」会長のシノさん（ちなみに副会長はタカシさん）は、あらかじめ決めた予定など一瞬にして変えてしまいます。それは常に状況が変化する山というものを相手にするうえではとても重要なことなのですが、こちらはその対応に一瞬たりとも気を抜けませんでした。いいえ、むしろ自分たちの動きが相手を上回るくらいでないといけません。「おっ、こいつヤルな」と思ってもらわなくては。ですから東邦との仕事はいつも緊張感に満ちていました。

あれは土砂降りの雨の日のことでした。涸沢槍で転落事故があって、ぼくたちは穂高岳山荘から稜線伝いに、タカシさんたちは涸沢から最低コル経由で、それぞれ現場へと駆けつけたことがあります。落ちたと思われるルンゼをぼくと涸沢の常駐隊員だった吉田英樹さん（のち涸沢常駐隊隊長）とで懸垂下降し、かぶり気味の大岩の下で残念ながら亡くなっていた方を発見。でもその日はコンディションが悪すぎて収容作業は断念せざるを得ませんでした。梱包作業を済ませ、いざ稜線へ戻ろうと岩壁を登りはじめたのですが、雨で濡れた岩はホールド、スタンスともに乏しく、どうにも登れません。

「タァーカァーシィさぁーん！　スミマセーン！　ちょっと登れないんで、ロープ下ろしてもらえませんかぁ！」と一〇メートルほど上のタカシさんに向かって大声を上げると、

「……バカヤロー！　気合で上がってこいっ！」とのお言葉。

（「マジかよ……」）とぼくが内心絶句していると、脇の吉田さんが冷静な声で呼びかけました。

「孝さーん、これちょっとムリだわ。お願いしまーす」

するとすぐにスルスルとロープが下りてくるではありませんか。

（「うーん……やっぱし信用ってやつは大事やなぁ、同じことでも言う人によってちゃうもんなぁ」）と思い知ったものでした。

そんなレスキューへの憧れを胸に、無我夢中で修業と研鑽の日々を過ごしていたわけですが、やがて少しずつ「奥穂の小屋にハチっていう元気なヤツがおる」と知ってもらえるようになっていったのです。

## 無我夢中で稜線を駆け回り、空を飛ぶ

さて、ぼくの「長吊り(センタースリング)」でのレスキューデビューは、小屋番として足かけ一〇年が経った一九九四年であったかと思います。ちょうどその年から山荘の支配人ともなり、地上での救助ではそれなりの場数も経験したころでした。そんなある日、現場としては難所中の難所、北穂滝谷での遭難遺体の収容に入るのにシノさんが声をかけてくれたのです。現場は第四尾根ツルムの基部。三方を切り立った岩壁に囲まれた井戸の底のような地形です。

このときの「長吊り」はなんと四〇メートル。山荘前のヘリポートでのセッティング時は、頭上のヘリの爆音の下、さながら航空母艦からの出撃のような緊張感がありました。釣り針と呼ぶフックにハーネスのカラビナを掛けたかと思うと、あっという間にぼくたちは空中の人となり、足下の小屋の屋根がどんどん小さくなります。すごい風圧を感じながらも恐怖感とか緊張感とかはまったくなく、(「はぁー、スゲェアングルやなー」)とか思いながら周囲を眺めていました。

やがて滝谷の大岩壁が迫ってくると、さすがに緊張してきました。現場に向かう前、

シノさんに「長吊りで行って、もしも現場が切り立った壁やったらどうするンっすか？」と尋ねると、「ダイジョーブ、ダイジョーブ。立てないような場所にゃあオロク（遺体）は止まんねーから」とのことでしたが、もしもこのままの勢いで壁にぶち当たったりしたらひとたまりもありません。

しかしそこはさすがのトウホウ航空。壁の手前一〇メートルほどで急に速度を緩めたかと思うと、絶妙のコントロールで壁に接近していきます。そして空中にぶら下がっていたぼくは、前方の斜面に明らかに亡骸と思える人を確認しました。そしてそれにどんどん近づいていきます。やがてその数メートル脇へふわりと、鳥が地面間際で羽を広げて静かに舞い降りるように、シノさんとぼくは着地したのです。

ともかく足場を固めようとアセるぼくの脇で、シノさんは周囲の状況に一瞬目を走らせて状況確認をしたかと思うと、「ヨシっ！」とカラビナをフックから外します。そして無線機に向かって「エー 現場からニィロク（ヘリの呼称）。一五分後、一五分後に願います」と落ち着き払った声で告げます。つまり一五分で収容作業を終えるので、それまでいったんヘリはしかるべき場所で待機していてくれという連絡です。

そこは斜面とはいっても、ちょっと動けば周囲の岩がすべて動きかねないような不安定なガラ場でした。周囲を岩壁に囲まれた「岩の墓場」滝谷のルンゼの中です。上部には一般縦走路があります。ほんの小さな落石ひとつが自分たちへの致命傷になりかねません。（「気合でラクはアタラナイ」「気合でラクはアタラナイ」……）と、ぼくはおまじないのように心の中でつぶやいていました。そんな現場で最優先すべきは、ともかくそこにいる時間を短くすること。長くいればいるほどリスクは増します。「慌てず迅速に」というのが現場での鉄則です。

それまでにもぼくは遺体収容を経験してはいましたが、その遺体は縦走路から一五〇メートル以上も落ちたもので、損傷はかなりひどいものでした。でもそういった遺体収容現場では感情に流されるのは禁物です。考えることはともかく目の前の作業についてだけ。収容袋と呼ぶ遺体専用のシートにどうやればスムーズに亡骸を入れられるか、赤モッコと呼ぶヘリに吊り下げるネットをどう置けば適切か、落石の音はしないか、足場の岩は崩れないか――。全身の神経を研ぎすまして事に当たります。そこに感情の入り込む余地はありません。シノさんの「もうチョイ右」とか「そこチョイ上げて」とかの短い指示以外は、二人とも言葉を発することもなく黙々と作業を続けます。現場にはその息づかいだけがやけに大きく耳に響いていました。

やがて収容準備が整うと、シノさんは無線でヘリと連絡を取ります。井戸の底のようなその場所からはうまく無線が届かなかったのですが、時間どおりにヘリは現れてくれました。四〇メートルものワイヤーを垂らしたヘリは、それでもドンピシャで釣り針フックを現場へと差し向け、シノさんとぼくと亡骸とを収容した赤モッコを再び空中へと吊り上げてくれたのです。

はじめて経験した「長吊り」レスキューは、地上から歩いて現場へ向かい、苦心惨憺のはてに下界へと下ろす作業とは雲泥の差で、そのあまりの呆気なさにはちょっと驚くほどでした。でもいったん山荘ヘリポートにぼくたちを下ろしたヘリが、遺体を吊って再び飛び去るのを見送ったときには、どの収容救助のあとにも感じる独特のもの、人の生があまりにあっけなく、また簡単に喪われてしまうことへの空疎な感じ、虚無感をやはり覚えていました。

そのレスキューを皮切りに、ぼくはそれから次第に「長吊り」での救助に出動するようになりました。前穂高岳北尾根、吊尾根、ジャンダルム、ロバの耳、間ノ岳、天狗のコル、奥穂高岳南稜、間違い尾根、白出沢、涸沢槍、滝谷C沢、D沢、アズキ沢、ザイテングラート、あるいは名もない岩の斜面やガレたルンゼ――。そんな穂高のあちこちの場所で、そして春夏秋冬さまざまな季節の中で、遭難者と共にヘリにぶら下がりました。そして現場を重ねるごとにぼくは、救助への自信とスキルを深めていったのです。

でもなにかというとすぐに調子に乗ってしまうのがぼくの悪いところ。知らず知らずのうちに、ともすれば意気がったカッコつけマンになってしまっていました。そんなぼくをガツンとやってくれたのがやはり山荘のあるじ、今田英雄さんです。

ある日、ザイテングラートでの負傷者を無事救助して山荘へ戻ったときのことです。きっとぼくには「やってやったぜ」みたいな鼻高々な態度があらわれていたのでしょう。肩で風を切るように玄関から小屋に入ろうとするぼくに、英雄さんは「ハチぃ！ウラへまわれっ！」と一喝です。ハーネスにカラビナをガチャガチャいわせてエラソーに玄関から入って来るな、というワケです。ぼくはすぐにハッとして、そして恥ずかしくなり、コソコソと裏口へとまわりました。

そして気づいたのです。

ぼくがレスキューへ出ているときは、ぼくの仕事の穴を誰かほかの山荘スタッフが埋めてくれています。また出動に際しては行動食を準備してくれたり、無線対応をしてくれたり。つまり遭難救助というものはなにも現場へ行った者だけでやっているのではありません。それを支えてくれる大勢の人が存在します。それを、さも自分だけがやったかのような態度になるのは思い上がりというもの。レスキューは山荘全体で行なっている山の仕事のひとつであって、自分はその一役割を担っているのにすぎないのです。

英雄さんの一喝で、ぼくはそんなふうに恥じ入りました。


今田英雄という人物から、ぼくは山の世界でもっとも影響を受けたと言っていいと思います。

ともかくぼくにとってはこの上なくオソロシい人物でありました。なにかにつけて「まぁ、エエやん」というアマいところのある自分を、ことごとく英雄さんは許してはくれませんでした。そのたびごとにピシャリとやられるのです。

でもそんなオソロシい方ではあるのですが、基本的に英雄さんが牙を剥くのはナマイキな男とエラソーなやつに限っていました。オンナ子どもにはとことん優しいのです。そして権威や権力に対しては徹底的に屈せず、そのファイティングポーズはむちゃくちゃカッコよかった。

そんな英雄さんを真似てしまってなのか、ある日の救助現場でぼくがやらかしてしまったことがあります。

某警察署のロクに現場を知らない上役が無線でアレコレと状況を聞いてくるので、

同行した県警隊員がそれにかかりきりになっていました。こちらは負傷者の手当てやロープでの引き上げ準備などで手いっぱいなのに、です。で、その無線機を取り上げたぼくは、交信相手へ向かって、

「現在現場にあっては救助活動中！　いらんことはあとにしてダマれっ！」

とやってしまったのです。すると相手は怒る怒る。ぼくのことを現場の警察官と勘違いしたのか、無線機が壊れそうな勢いで、

「キサマっ！　官職氏名を名乗れ！」

「ホダカのハチじゃ！」

と怒鳴り返してあとはもう無視して救助をやったのですが、その一件が後日かなり問題になったそうです。〝そうです〟というのは、そのケンカ（？）は英雄さんが大喜びで引き受けてくれて、その後どういう決着となったのかぼくはよく知らないからです。ともかく、そんな具合に救助現場では徹底的に「現場優先」とし、それをぼくに示し、また周囲から護ってくれていたのが英雄さんでした。

あるいは英雄さんが創設した「遭難救助基金」というのも素晴らしいアイデアでした。これは東邦航空という民間会社のヘリを救助に使用する場合、当事者からその費用負担の承諾を得ないことにはダメだったものを、現場の判断のみでヘリを動かせる

ようにした画期的なものでした。ですから、むちゃくちゃコワい英雄さんではありましたが、ぼくがレスキューをやらせてもらううえでの大将としては、この上なく頼れる人物であったのです。

当時のぼくは、こと救助現場においては、たとえそれが県警本部長であろうがアメリカ大統領であろうが、どんなオエラ方に命令されてもそれに従うつもりは毛頭ありませんでしたが、今田英雄その人に（それともうおひと方、涸沢ヒュッテの小林銀一オヤブンに）、「ハチ、そらヤメとけ」と言われれば、黙って引いたと思います。英雄さん以外の誰の言うことも聞かへんゾという一途な（？）思いでレスキューに臨んでいたのです。

英雄さん、シノさん、タカシさんはじめ、当時の穂高にはぼくが憧れる〈漢《おとこ》〉たちが大勢いました。ほかにも一般にはほとんど名も知られない小屋番であったり県警の救助隊員だったりするのですが、そのどの方も皆、山に生き、山を護り、山を愛する、頼れるたくましい表情をしていました。そんな山の猛者たちの背中を懸命に追いかけ、やがてその一員として救助現場に立つようになれたあのころの自分は、小屋番人生の中でもとても幸せな時代を過ごさせてもらっていたと思います。

レスキューというのは、なにも趣味や娯楽ではもちろんありません。しかし〝人が人を救う〟という行為には、何かしら熱くたぎるような感情がともないますし、事実ぼくはレスキューとなると理屈抜きで燃えたのです。それは自分のすべてを懸けてでも挑むに値する世界であって、そしてそこには幕末の志士のような魅力的な人物が何人も存在していました。

ぼくたちは無我夢中で穂高の稜線を駆け回り、そして時には空を飛んだのです。

それはほんとうに輝かしき熱き時代でありました。

## 人の都合と山の都合

人と人が関わりあう世間には、必ずそれぞれの「都合」といったものが存在します。自分の予定や状況を調整し、お互いに折り合いをつけることによって私たちの社会生活は成り立つというものでしょう。

人と山との関わりにおいても、その「都合」は存在します。そして登山においては必ず「山の都合」が優先されるべきです。休日であるから山へ行く、というのは人の都合です。しかし、もしもそのときに山の都合が悪い、たとえば天候などの状態がよくないのであれば、人の側がその都合に合わせるしかありません。両者の存在としてのありようや力量を考えればそれは当たり前の理屈なのですが、無理やり人の都合を優先させた結果として遭難につながることは少なくありません。

思うに、遭難が起こりやすい連休のパターンというものが存在するようです。たとえば三連休であれば、初日は晴れ、二日目の朝も晴れていたものの昼ごろから天候が急変（最悪なのは吹雪）というのはヤバいです。最初から悪天ならそもそも山へ向かう人がぐっと減ります。そして出発時の朝が悪ければ、多くの人は危険を感じて行動を控えます。ところがこの「二日目午後から天気が急変」した結果、過去にいくつも死亡事故や大量遭難を引き起こしているのです。そして連休最終日に、あるいはその翌日に晴れ渡った空の下で遺体収容を行なうことになった事例は少なくありません。そのたびに「なんで、たった一日が待てんかったんやろう……」との思いを強く抱いてしまうのです。

ある年の冬、越年登山の人たちが風雪で何日も山荘の冬期小屋に閉じ込められたことがあります。皆、はじめは寝正月を決め込んでいたものの、三日経ち、四日経つにつれて小屋内には焦燥感が広がりはじめました。食糧や燃料に不安もあったのでしょうが、何よりそろそろ新年の仕事始めとされる日が近づいてきていたのです。

やがて猛吹雪をついて、ある力量豊富なパーティーが下山を始めました。すると様子をうかがっていたほかの人たちも「それっ」とばかりに後に続きはじめたのです。しかし、下山ルートとなる涸沢岳西尾根は下降の際はもろに向かい風となり、よほど強い者でなければ悪天時の行動は困難です。やがて案の定、先行パーティーを見失った幾人もがほうほうの体で冬期小屋に戻ってきました。

ところが、ある三人パーティーの姿が見えません。しばらくするとそのうちの一人が顔を凍傷でボロボロにやられて小屋に戻ってきました。そして「仲間の一人が滑落して姿が見えない。助けてほしい」と言うではないですか。ぼくは彼らの出発時に注意を促し、下山を思いとどまるようにも告げていたので（「そりゃーないやろう」）とも思ったのですが、相棒のトモ（石川友康。烏帽子奥壁大氷柱第二登など。その野人のような生命力には山中で何度も舌を巻いた。ぼくにとっての最強の撮影アシスタント。二〇〇八年、黒部横断の最中に消息を絶つ）の強い気持ちで、捜索に向かうことにしました。

涸沢岳の稜線は体が浮くほどの凄まじい風雪でしたが、相棒はこともなげにヒョイヒョイと稜線をたどり、一人が落ちたと思われる西尾根の左側のルンゼを下降していきます。やがて、呆然と佇むもう一人の姿を奇跡的に見つけました。「オイッ！ダイジョウブか！」と声をかけると、朦朧としながら下の方を指差します。その真っ白な谷底からは烈風が吹き上げてきてまともに見ることはできず、そもそも視界は二、三〇メートルほどしかありません。なおも下降しようとする相棒を押しとどめ、「これ以上は無理やっ！　コイツだけでも連れて帰るぞ！」と風雪の中で怒鳴ります。一瞬、ヤツのゴーグルの中の目に逡巡が見て取れましたが、すぐに二人で踵を返し、そのフラフラの人を抱きかかえるように斜面を登り返しました。（結局もう一人はその年の夏ごろに稜線から五〇〇メートルほど下のルンゼの中で発見されました。）

帰り着いた冬期小屋でその人たちの凍傷の手当てをしているとき、一人が申し訳なさそうに口にした言葉が忘れられません。

「サラリーマンには、会社が命より大事なことだってあるんデス……」

と。ぼくはムッとしながらも、何も言えませんでした。

人の都合と山の都合、それは当然山の都合が優先されます。しかし、少ない休みの中で登山を楽しむ人が山の都合ばかりを考えていたら、ろくに山は登れません。それも理解できます。社会生活における関わりがそうであるように、どちらかが一方的であるのはよくないのではないかと。といっても山に「ちょっとはコチラの都合も考えろよっ」と言ってみても、それはどうにもなりません。相手はゼッタイに自分を曲げないトンデモナイやつなのです。いくらお願いしてみたからといって、風が弱まることもなければ雲が晴れることもありません。ならば人の側が折り合うしかないのです。

その「折り合う」というのが大切なのでしょう。「あぁ、こりゃあ山の機嫌が悪いのやなぁ、ちょっとオトナシくしておこうか」と山頂に行くのはあきらめる。あるいは「車が新穂高にあって白出沢を下りたいが増水が心配。しかたがない、あとが面倒だけど上高地へ下りるか」ということです。

それをゴリ押しするとイタい目に遭う。イタい目で済めばよいのですが、命を落としては元も子もないでしょう。山というのはゼッタイにいうことを聞かないガキみたいなもんですから、こちらが「大人の対応」をしてやらなければしょうがないということです。

## ぼくの「遭難」そして「救う」ということ

ドラマ「北の国から」で知られる倉本聰氏が主宰していた「富良野塾」というのをご存じでしょうか。北海道の自然の中で若者が共同生活を営みながら演劇と脚本を学ぶという私塾でした。その塾生と、東京で暮らす若者へのあるアンケート結果の違いには興味深いものがありました。それは「生活必需品」というテーマのもので、富良野塾では「1水、2火、3ナイフ、4食べ物、5衣類」、東京では「1お金、2ケイタイ、3テレビ、4車、5家」だったというのです。

ふだんの街の暮らしではことさら意識することのない水の大切さですが、災害時にはまずこの水の確保が重要になります。蛇口さえひねれば得ることのできるこのタダみたいなものが、じつは私たちの暮らしの根本であることに気づかされます。

およそ人が生きていくのにまず必要となるものといえば水です。それは山小屋においても変わりはなく、いえむしろ下界とは隔絶した場に建つ山小屋であるからこそ、水の確保は何よりも大切なものとなります。

稜線に建つ山小屋としては奇跡的なことであるのですが、穂高岳山荘は夏場には雪

空から見た穂高岳山荘と水取り沢

渓から水を得ています。創設者の今田重太郎が水の困窮に苦しめられた揚げ句に執念で探し当てたもので、それは「天命水」と名づけられました。その水源となる通称「水取り沢」は涸沢岳の東斜面にあります。その急傾斜の雪渓の底に流れる水を約二〇〇メートルのホースで小屋に引き入れています。例年、夏のシーズン前である七月初旬にその工事を行なうのですが、それは山荘においてとても重要な仕事のひとつになっています。

さて、この「水取り工事」。数々の工程と作業があるなかで、もっとも大変なのが雪渓掘りです。七月初旬というと水取り沢はまだまだ大量の雪渓（それが夏のあいだの水となってくれる天然のダムであるのですが）で覆われており、水となる流れは雪渓のいちばん底にしか存在しません。年によってその深さ、厚さは多少異なるものの、例年ほぼ一四メートル。水平に雪に穴を掘っていった四メートル先に「天命水」の水源があるというわけです。

スコップの歯も立たない氷のような硬さの雪渓を一四メートルも掘るのは、そう容易な作業ではありません。重機などの機械を使えるわけでもなく、まったくの手作業で掘り進んでいくのですから、四、五人がかりで優に丸一日はかかってしまいます。しかしこの〝雪渓を掘り進んで水を得る〟といういかにも山小屋っぽい仕事をぼくはことさらに好んでおり、「雪穴掘って三〇年!」などとうそぶいてもいました。

作業はまず先頭がチェーンソーで雪に切れ目を入れ、二番手がそれをスコップで突き崩し、三番手と四番手がスノーダンプと呼ぶ道具で雪をかき出すという段取りで進められます。

その年も、いつものように幅三メートル、高さ二メートルほどの間口で雪穴を掘り進んでおりました。やがて五メートルほど掘り進み、先頭が雪面にチェーンソーを入れているのを、ぼくはその後ろでスノーダンプを持って眺めていたときのことです。

突然、途方もない力で弾き飛ばされ、気がつけばものすごい雪の圧力で身動きできずに暗闇の中に横たわっていました。圧迫された胸は苦しく、空気を求めて口を開けようとしますが雪に押し付けられた顔はわずかにしか動かせません。なんと、あろうことか掘っていた雪穴の天井部分の雪塊（それは一〇トンはあろうかというシロモノです）が崩落し、先頭にいたカンバ君（上林泰平）とぼくとがその下敷きになったのです。

先頭でチェーンソーを使っていたカンバは間一髪で雪渓と崩落した雪塊のわずかな隙間から自力脱出できたのですが、ぼくは完全に雪塊の下敷きになりました。あのとき、もしもう五〇センチほど中寄りに立っていれば間違いなく即死だったと思います。それが、悪運強くというかたまたま雪の壁近くに立っていたためにわずかな隙間が生じ、そこに挟まれるかたちで埋まったので辛うじて助かったのです。しかし体はピクリとも動かず、声もまったく出せませんでした。ともかく押さえつけられた胸が苦しく、呼吸をするのにもひたすらヒィヒィと喘ぐだけです。

どれほどの時間埋まっていたのでしょうか。朦朧とする意識の向こうでザクッザクッというスコップの音と、何やら英語でワメく声が聞こえてきました。そしてスコップが足にあたり、（「イテテテ！　そこはオレの足や足や！」）と叫ぼうとするのですが声が出せません。雪穴の外にいて難を逃れた山荘スタッフのスコット君（Scott Michael Wolak、アメリカ人）が、必死の形相でぼくを掘り出してくれていたのでした。日本語が流暢な彼も、ここ一番にはやっぱ英語なんやぁとボンヤリ思ったのを覚えています。やがて顔の雪をどけてもらい、「プふぁー」という感じで大きく息をします。半泣きになっていたスコットと顔を見合わせると、ぼくはアホみたいにヘラヘラ笑ってしまいました。人間はそうした極限状態を脱すると、ともかくヘラヘラするみたいです（……ぼくだけなのかな）。

（「いやぁ〜マジかっ、生きてる！　タスカッタ！　どんだけおれ悪運強いねん！」）と立ち上がろうとすると、なんだか左足に力が入りません。折れているわけではないのですが、雪塊のすごい圧力で足の筋肉がつぶされてしまっていたようです。なんとか支えてもらいながら片足で立ち上がります。そしてともかく小屋へ戻ろうと、急峻な雪渓に懸垂下降のロープをセットして下降を始めました。片足でもロープにすがってなら下降はできました。しかし雪渓を下りた先からはこんどは一〇〇メートル以上雪と岩の斜面を登り返し、さらに小さな岩稜を越えねばなりません。現場にいた二、三人だけのサポートではかなり厳しい道程と思えました。

さてどうしたものか、と急な雪渓の上でピッケルにすがって思案していると、斜面の上の方に人影が現れました。騒ぎを聞きつけて山荘から支配人のユウジ君（中林裕二）や写真家のウチダさん（内田修）が来てくれたのです。そしてなんと頭上にはヘリまで飛んで来て、涸沢常駐隊のカッシー君（加島博文）なども駆けつけてくるではありませんか。そして皆、はじめこそ心配そうな顔をしていましたが、とりあえずぼくの命に別条はないと知ると、やがてなんだかみんなイキイキとうれしそうな顔になり、あろうことかぼくの「レスキュー」を始めたのです。

（「えっ、イヤ、あの、ソノ、おれ動けるから……」）と言いかけると、「ソウナンシャは黙っててくださいっ！」と宣告されます。みんなであーでもない、こーでもないと引き上げのためのロープセットを始めるに及んで、（「あ、イヤ、そのロープの支点はアッチの方が……」）と言いかけると、「ソウナンシャが現場しきってどーすンすか！」とたしなめられます。

やがて、こりゃあスノーボートに乗せたほうがいいとなり、みんなでぼくの体をセーノと抱えます。その際に患部に触れて「イテテテテっ」と顔をしかめると、「なンすかっ、これくらい！『ガマンせいっ！』っていつも人には言ってるじゃないっすかっ！」とやられる始末。

山小屋の仕事で何がいちばん盛り上がるかというと、シンプルな力仕事をみんなで力を合わせてやるときなどです。たとえば、ちょっとやそっとでは動かない大きな石をあーでもないこーでもないと言いながら運ぶようなことがそうなのですが、まさしくそのときのぼくはその「石」状態。でも、けがで済んだ要救助者をほとんど祭りのノリで搬送したことは自分にも覚えがあったので、（「おれは神輿《みこし》とちゃうゾ！」）と思いながらも耐えるしかありません。

ともかく自分の身を全面的に委ねるしかない状態というのが、こんなにも不安で心細いものなのかと、そして「まぁソウナンシャってツラいもんやなー」と思い知らされた次第です。その一件以降、ぼくが救助現場でちょっとやさしくなったのはいうまでもありません。


さて、その天命水工事というのはかれこれ五〇年ほど毎年行なわれていたものです。ぼくが関わってからですら三〇年ほど経っています。そしてこれまでに掘った雪渓が崩落するなんてことはなかったし、誰も想像すらしていませんでした。それがその年は雪質が悪かったのか、雪渓の残り方が原因であったのか、何かほかの要因なのか、ともかく考えられないことが起こってしまったのです。

でもそうした「人間の想像を超える出来事」というのは、人と自然の関わりの中ではむしろ当たり前のように起こってしまいます。それは岳沢や涸沢での雪崩もそうですし、ある年の時期外れの大雪もそうです。そしてそうした「想定外」は、とくに山を引き合いに出すまでもなく起きています。一九九五年の阪神・淡路大震災や二〇一一年の東日本大震災に象徴される圧倒的な自然の威力というものを、私たちは目の当たりにしてきました。自分たちの存在が、自然というはるかに大きな存在の中ではいかに無力であるかを思い知らされたはずです。しかしそもそも想定もできないのですから、そうした出来事を避けることは不可能です。ただしその大きな存在に畏怖を抱くことはできます。思い上がってはいけない。自分たちの力の及ばないことが存在すると、謙虚になることを忘れてはいけないのです。

たとえ、都市という自然から守られたシステムの中にいたとしてもそれは同じこと。まして山へ登ろうとするのであれば、まず怖がることが必要でしょう。ビビっている自分というのは、きっと大切なのです。その不安の中から踏み出す一歩が、やがて頂の歓喜へとつながっていることを登山者であれば知っています。そして一歩を踏み出してしまえば、不安や恐怖心は案外なくなってしまうもの。それでも、登る前も、登りはじめてからも、さらなる高みを目指しているときも、頂に立っても、やがて下りに差しかかったときも、そして山を下りてさえなお、山への畏れをことあるごとに抱きつづけること。それは登山者としての絶対必要条件といえます。

そんなに山が恐ろしいものであるのなら、そもそもそんなもの登らなければいいではないかと世の真っ当な方々はおっしゃいます。あえて危険な雪山などへ赴く人の気がしれないバカではないのかと。そうですね。山で死にたくないのなら、山に登らなければよい。それは正解。ごもっとも。そのとおり。至極当然であります。ですが、それではあまりに当たり前すぎて話になりません。あえてそれに答えるなら、「そうしたオロカなことをするのが、まぁ人間っちゅうもんとちゃいますか?」とでもいうことでしょうか。

また山の遭難に対して、「自分個人の道楽で人に迷惑をかけてけしからん! それを命懸けで救助する者の身にもなれ!」というご意見もよく耳にします。

前半の言葉には多少同意もするのですが、後半はちょっといただけない。少なくともぼく自身は、これまでの救助活動においてそれを「迷惑」と思ってやったことはただの一度もありません。たとえば飲みかけた缶ビールを目の前に悪態をつきながら出動したこともありますけれど、それは「迷惑」というのではない。それは「It's my job」です。救助はぼくたちの「役目」なのです。

そもそも要救助者本人(あるいは関係者)の「助けてください」という要請に基づいてわれわれは救助に動きます。その〝救助隊〟や〝警備隊〟そして〝小屋番〟を名乗るわれわれが、それを「迷惑」としていたのでは自分たちの存在意義を失ってしまいます。迷惑というものは、前提として要救助者の過失が存在するからだと思うのですが、遭難救助においては当事者の過失は関係ありません。たとえその人の無理や無茶あるいは無謀が遭難の原因であったとしても、だから救助しないということはあり得ない。ぼくが注意を促したのにその制止を振り切って山頂へ向かった者が救助を要請してきたとしても、「それ見たことか！　アッカンベー」とはしません。その要救助者がどういう経緯で遭難に至ったのかは、とりあえず関係はないのです。

これまでにも救助する側が救助中に不慮の事故で死亡するという深刻な事態が起きたとき、そもそもそうした救助を要請した者を非難する声がありました。遭難者たちの救助要請があまりに安易に過ぎたというのです。しかしそれは話が別です。救助要請の是非は検証されるべきではあっても、それと救助中の事故とを結びつけるのは間違っています。さらにちょっとつけ加えると、要救助者の人となりも遭難救助では問題とされません。その人がお金持ちか貧乏人か関係ないのはアタリマエ、社長はんであれ年金生活者であれ、助けられるものは助けるし、天気とかが悪くてできないときは相手がどうであってもできません。

「命懸けで救助」というフレーズもぼくには引っかかります。少なくともぼくはレスキューに命なんて懸けないし、懸けようと思ったこともありません。われわれは穂高で人を救うことにかけてはプロフェッショナルです。レスキューのたびに命なんか懸けていてはやっていられません。ただし山という存在を相手にする以上、時として予想もしない状況に陥るかもしれないこと、避け得ない不確定要素が存在すること、そして間違いなく自分たちが危険な作業をやっているのだということを常に心に刻んではいます。結果として「命が懸かってしまった」ことはあるかもしれないけれど、それですらぼくは織り込み済みでした。ぼくにだって愛する嫁はんや成長を見届けたい子どもたちや世話してやらねばならない老犬がいます。救助にイチイチ命なぞ懸けてはいられないのです。

あともうひとつ述べると、山の遭難への非難としてこれもよく見聞きする「自己責任」というやつ。たしかに山は「自己責任」。それはそうです。でも、もう自らではその「責任」を果たすことができなくなっている状態を「遭難」というのではないのでしょうか。そうした人を助けるのに自己責任もクソもないやろうと。小屋からすぐの登山道で、転んで頭から血を流している人に「自己責任やから、自分で血ぃ止めて」とは言えないでしょう。あるいは不幸にも滑落してお亡くなりになった人を「それは自己責任で……」と放置しておくことだってあり得ません。自己責任と自業自得は違います。責任というのはResponsibilityです。response（反応）＋able（できる）ということ。本来は「事態に対して反応すること」そのものを意味する言葉のはずです。しかし日本語の「責任がある」という言葉には「悪いことをした」というニュアンスが強くあります。

では山で遭難を起こした人は、何か悪いことをしたのでしょうか。もちろんミスは犯したかもしれません。判断の誤りだってあったかもしれない。自分の力への過信や無自覚もあったことでしょう。しかし、それは悪いということではない。誰も遭難しようとして山には登りません。しかし山に登る者すべてに遭難は起こり得るのです。どれだけ経験を重ねようが、高い技術を身につけようが、ことさらに注意深くあろうが、事故は起こってしまうもの。世間が騒動を起こした人への非難として「自己責任」という言葉を投げつけるのは場合によっては理解できなくもないのですが、「自己責任だから助けなくてもよい」というのは違うやろうと。まずは救うこと。その相手がどうであれ救うためにわれわれは存在しています。ともかく助けてから、あとはドツくなりケトバすなりすればいい。

「善意だけで人命救助なんてできない」そんなことはわかっています。

「熱意だけで人は救えない」そんなことも言われずとも理解しています。

それでも、目の前で助けを求めている人がいるのなら、走っていけばたどり着ける場所で救助を求めているのなら、ぼくたちが助けてあげたい。

そんなんフツーやろ、と思うのですけれど。

天命水の掘削工事。この天井が崩壊し、九死に一生を得た

崩壊事故後の掘削風景。時間がかかるが、安全には代えられない

## 登山における義務と覚悟

前稿で登山における「責任」というのを少し考えてみました。では「責任」と似た意味の言葉である「義務」について、足りないこのアタマでもう少し考えてみたいと思います。

「義務と責任ってどう違うのん?」と、とある親友の高校教師に電話して尋ねてみたところ、

「オマエ、朝からエラい難しいこと考えとんなー。……義務っちゅうのは〝Duty〟、責任は〝Responsibility〟や」

「ふむふむ」

「それでやなー、はじめに義務があって、ほんでその義務を果たせなかったら生じるのが責任と違うか。つまり義務は〝せなアカンこと〟で、責任は〝その義務を怠ったことへの制裁とかペナルティー〟みたいなもんと違うんかなぁ」

「おぉ! センセ、さすがやん! ダテに生徒相手にしてへんやん、たまには役に立

つなー」

「……ヤカマシわいっ」

さらにものの本をひもとくと、「責任」とは自分の行動（行為）の結果に対応することであり、「義務」とは何らかの行動（行為）に際して「しなければならないこと」（あるいは「してはならないこと」）。つまり事の前に生じるのが「義務」で、後に生じるのが「責任」。ナルホド。また別の本には「義務とは課せられること、責任とは自らに課すること」ともありました。

登山における「義務」というと、まず浮かぶのは「登山届」でしょうか。御嶽での噴火災害での行方不明者の捜索が難航した教訓からも、登山届の義務化は声高にいわれるようになっています。その登山届の管理や運用についてはさまざまな議論があります。その是非についてはひとまず置いておきますが、どんなかたちであれ、要は「ほかの人に自分の行動を伝えておく」ということ。家族でもいいし、友人でもいい。それを警察などの公に対して行なうのが登山届です。山岳会に所属しているなら計画書の提出と下山連絡は必須とされているはずです。

とにかく第三者に自分が山中でどのような行動をとっているかを伝えておくことは

重要です。それが、アクシデントが起こってしまったときに自分自身を救うことはもちろん、周囲に不必要な迷惑をかけないことにもつながります。行方不明者の捜索は時間もコストも膨大となるのが常です。「お父さんが山へ行って、三日経っても帰ってきません。捜してください！」という連絡が警察にあったとして、「では、どちらへ行かれましたか？」と尋ねると「さぁー、〝山〟としか聞いてないのです」では捜しようもありません。また「北アルプスへ行った」「穂高へ行った」というのも範囲が広すぎて困ってしまいます。

単独登山が戒められるのも、この点が大きいからです。誰かと一緒であれば事故の発生を知らせてもくれるのですが、独りだとどうしようもありません。

ある夏に穂高岳山荘に宿泊後、奥穂高岳を経て吊尾根をたどり岳沢から上高地へ下山する予定の単独登山者がいました。あいにくその日は小雨まじりのガス。視界は非常に悪くて五〇メートルほどしかありません。そしてこの男性は吊尾根でルートを誤り、涸沢側のルンゼへと踏み込んでしまいました（吊尾根は常に岳沢側に登山道がありますが、何カ所か涸沢側へ入り込んでしまいそうになる地形があります）。登山道を外してしまうと足場の岩はとたんに不安定になるもの。男性は浮き石に乗って一〇〇メートル近く滑落して足を骨折、行動不能となってしまいました。

被っていたヘルメットのおかげで頭部は無傷でしたが、わずかでも体を動かそうとすると足に激痛が走り、立ち上がることすらできません。カッパのポケットに入れていた携帯電話も転落時の衝撃で破損して使用不能です（もし携帯が無事でも電波が届かなかった可能性は高いですが）。何度も大声を張り上げてみましたが、尾根を隔てた登山道にその声は届かず、また届いたとしてもそれを聞いてくれる登山者が通りかからなければどうしようもありません。ともかく持っていたツェルトに包まり、ビバークの態勢に入ります。

男性は絶望的な思いにかられたと言います。それは、自分がいまここにいることを「誰も知らない」という事実に思い至ったからです。登山届は出していませんでした。また家を出るとき、奥様には「穂高に行ってくる」としか告げていなかったといいます。それから丸二日、男性はガスの中で成すすべもなく、唯一できたのは手帳に遺書をしたためることだったそうです。

しかし遭難三日目に奇跡が起こります。なんと同じところでルートを間違えた登山者が、足下のルンゼにあるツェルトを発見してくれたのです。その知らせはすぐにぼくたちに届き、現場へと向かいました。なるほどそこは、通報してくれた登山者がいてくれたからこそわかる場所であって、普通に登山道を捜したのではまったく声も届かないところでした。ロープを使った引き上げレスキューで稜線まで戻るころには天候も回復し、その男性はヘリで松本の病院へと運ばれました。

このケースは、ともかくも偶然に同じ場所で道を間違えてくれた（？）登山者がいたことで助かったわけですが、もうひとつ幸いだったのは、男性のいた場所が吊尾根では風下となる涸沢側であったこととツェルトを携行していたこと。また若干の水と食糧も持っていました。そのうえで出血などの外傷もなく（足は三カ所が折れている複雑骨折だったそうですが）、頭部も無事であったなら三日程度は十分に持ちこたえられます。しかしそれも〝誰かが救助してくれる〟という前提があっての話です。男性は「誰にも見つけてもらえずにいるのなら、いっそ早く死んでしまいたかった」とも語っていました。

行方不明となる登山者の九〇パーセント以上は単独行者です。そんな単独での遭難を題材にした映画で『127時間』という海外の作品があります。あるクライマーが誰にも知らせずに一人で出かけた岩場で窮地に陥り、壮絶なサバイバルを繰り広げた末に生還を果たす物語です。あれが実話であるということに驚かされますが、映画の最後にこう語られます。「主人公はいまでもクライミングを楽しんでいる。ただし出かけるときには、必ず行き先と帰宅予定を記したメモを家族に残して」と。
「行動を誰かに伝えておく」のは、べつに罰則があろうがなかろうが登山者としての義務であると思います。それは自分自身のためでもあるし、周囲に迷惑をかけないためでもあります。登山届以外にもそのためのツールはたくさんあるし、家族へのメモ程度でも十分でしょう。ただし、できるだけ詳しい内容を記さなければいけません。なにせ「穂高」といっても広いのですから。

もうひとつ、登山者の義務に加えて「覚悟」という言葉をぼくは思います。「覚悟」というとなにか切羽詰まった感じのイカツイ言葉ですが、ぼくは山へ登るのなら「覚悟」が必要であろうと。それは「心がまえ」と言い換えてもいいかもしれませんし、「気合」でもいい。決して軽い気持ちで山へ行ってはならないという「覚悟」です。

あるときぼくは高山警察署にうかがったことがあります。交通違反とか悪いことをしたからではなくて、遭難救助の表彰をしてくださるというので出向いたのです。で、その表彰後の雑談での署長さんのお話にぼくはちょっと驚きました。「私は以前、鑑識課にいたことがあります。そこで仕事柄さまざまなご遺体を拝見してきました。しかしこの高山署に赴任して、山から下りてくるご遺体を目にすると、その悲惨なこと甚だしい。われわれは職務としてそれに臨みますが、みなさんは民間人でありながら、よくぞそうした方々のお世話をしてくださる」とおっしゃったのです。(「そっかぁ……山の遺体って、普通に比べてそんなに悲惨なんや」)と思いました。あらぬ方向に曲がってしまった手足、石がのめり込んだ皮膚、中のものが出てしまった胴体、そして血まみれで半分ないような頭……。たしかに山の中の現場であるからこそそうした遺体の収容作業もやれるわけですが、もしも下界でそれを扱えと言われたら、ぼくはとてもじゃないけれど無理でしょう。

ですが遭難においていちばん悲惨なのは、そうした遺体の損傷の激しさではありません。遭難に関わる警察官の方々が口を揃えて言うに、もっともつらく悲しいのは、その亡骸をご家族へ引き渡すときのことだそうです。亡骸となってしまった本人はもう何の声を上げることもありません。しかし、対面したご遺族の口からは、それ以上はない悲しみの声が洩れます。それは嗚咽であり慟哭であり悲嘆に満ちた叫びです。それを目の当たりにするのはほんとうにキツいと。ぼくがそうした現場に立ち会うことはまずないのですが、幾度か遺体と共に降り立ったヘリポートでそうした場を目にしました。それはたしかに、いたたまれない場でした。

遭難して亡くなる人の数というのは、それが多かろうが少なかろうが、その悲しみの大きさというものには関係ないのです。その家族にとっては、ほかのだれかではない、まさにたったひとりのかけがえのない「その人」が喪われたということなのです。

誰も山で死のうなんて思っていません。でも、ぼくやあなたが山で命を失うことは起こり得ます。その「覚悟」は持つべきでしょう。しかしだからといって、穂高へ向かうなら机の中を整理してから行けとか、家族との別れを済ませておけとか、遺言を残しておけとかいうのではありません。なにも死ぬことへの覚悟をしろというのではないのです。そうではなくて、必要なのは生きるための「覚悟」です。

それはしっかりとした事前の準備であり、注意深い行動であり、山への畏れであり、断固として無事に山から帰るという強い思いなのです。

## 〈レスキューの師〉篠原秋彦氏を喪って

山の世界に「レスキューのトウホウ」の名がとどろいていた時代がありました。たとえば救助関係者のあいだでは「シノさんに電話がつながれば、そのレスキューは半分終わったようなもの」とさえ、まことしやかにささやかれていました。そしていつしか、北アルプス以外の富士山や谷川岳などからでさえ救助要請が入るようにまでなっていたのです。

一九九八年にはシノさんの半生を描いた本が出版され、その活動がテレビでもたびたび取り上げられたり、長年の救助の業績が大きな賞として表彰されるなど、その活躍に各方面から次々と賞賛の声が上がっていました。そして二〇〇〇年、山岳遭難ヘリ救助の最前線に立ち続けていたシノさんの夢は、日本初の民間ヘリ救助会社「トーホーエアレスキュー」設立として結実します。

山岳ヘリ救助において輝かしい実績を積み上げてきたシノさんと東邦航空ではありますが、じつはその両者の間柄は必ずしも芳しいものではありませんでした。東邦航空は一民間ヘリ会社です。それがいくら人命救助であるからといって、リスクの非常に高い山岳エアレスキューを率先して行なうというのは企業の在り方に反します。民間会社たる東邦航空がもしも万が一事故を起こしてしまえば、場合によっては会社そのものが立ちいかなくなってしまう大きな危険をはらんでいたのです。実際、シノさんがレスキューを行なうにあたっては常に会社側との軋轢が絶えなかったようです。

そんなわけで、救助専門の自分の会社を立ち上げるというのはシノさんの念願だったでしょうし、それが実現したときの喜びは想像に難くありません。まさにそんな絶頂のただ中にいたともいえるシノさんに、あまりに残酷な運命が待ち受けていようとは……。

二〇〇二年の年明けのことでした。あろうことか救助活動中の二重遭難により、〈レスキューの神様〉篠原秋彦はこの世を去ってしまったのです。

ぼくがその一報を受けたのは厳冬期の穂高稜線においてでした。当時ぼくは映像撮影のために毎年のように年末年始を穂高岳山荘の冬期小屋で過ごしていました。そのときは年末から吹雪きはじめた山が、まるまる一週間にわたって風雪の咆哮を続けていて、相棒のケン坊（西川謙）とぼく、そして撮影を共にしていた山岳カメラマンの岡田昇氏の三人は、ほかに人気《ひとけ》のない冬期小屋でひたすら好天を待ち続けていました。

ようやく視界が利きはじめた一月六日、ぼくたちは連日の風雪で真っ白になった稜線を奥穂高山頂へと向かい、頬が凍傷になるのもかまわずに猛烈な雪煙に見え隠れするジャンダルムへとレンズを向けました。その手応えに満足をおぼえて冬期小屋へ帰り着いた夕暮れ時、ヤレヤレと携帯電話に目をやると何件もの着信履歴がありました。なんだか嫌な胸騒ぎに最初の番号へ折り返すと、それはある長野県警山岳救助隊の方からで、いきなり「ハッちゃん、大変だ！　シノさんがヤラレタ！」と叫ぶような声が耳に飛び込んできたのです。

一瞬何のことか理解できず、聞き返すとシノさんがレスキュー中に事故に遭ったとのこと。「容態は？　意識はあるんですかっ⁉」と相手の言葉を遮るように尋ねると、「……ダメだ」との答え。それはなんだか新年早々にタチの悪い冗談を聞いているみたいで、どうにも現実感がありませんでした。その後もあちらこちらに電話をかけつづけ、少しずつ事故の状況がわかっていくにつれて、ぼくは妙に冷静になっていきました。あたかもレスキュー現場にいるときのようで、目の前の状況に対して取るべき行動をともかくも判断しようとしたのです。

とにかく早急に山を下りなければなりません。重い撮影機材や装備はすべて小屋に残していくことにし、できるだけの軽荷にして相棒と二人で夜明けと同時に涸沢岳西尾根を下山することにしました。岡田さんはもうしばらく一人で撮影を続けるとのこと。

そうと決まれば早々にシュラフにくるまって朝を待ちましたが、じっとしているといろいろなことがグルグルと頭をめぐってまんじりともできません。東の空がうっすらと茜色になるころ、シルエットとなった前穂からは猛烈な雪煙が吹き上がっています。厳しい冷え込みの朝でしたが、ほぼ一週間ぶりの晴天です。

まだ星の消えきらぬ夜明け前、奥穂高山頂へ撮影に向かう岡田さんと、下山支度をしたぼくたちとは冬期小屋の前で別れました。その別れ際、「気をつけて！　いいの(写真)期待してますンでっ！」と告げると、「おぅ！　ハッちゃんたちも気をつけてなっ！」とガッチリ握手を交わし、岡田さんは奥穂へ、ぼくたちは涸沢岳へと歩きはじめたのです。涸沢岳稜線の猛烈な風の中で振り返ると、奥穂高へのハシゴ場でチラチラと光るヘッドランプの明かりが見えました。

まさかそれが岡田昇との最後の別れになるとは、そのときのぼくは知る由もありません。

涸沢岳西尾根を駆け下り、午前中には新穂高の駐車場に着いたと思います。かなりのスピードで下山しつつも、心の中では「落ち着けっ、冷静に、慎重に」と自分に言い聞かせていました。でもいま思うと、不安定な両雪庇となっていた蒲田富士の雪稜をロープを出すこともなく通過したりしていたので、やはりどこか焦っていたのかもしれません。

そしてともかくシノさんの自宅のある安曇野へと、ぼくは車を走らせたのです。

その年末年始、例年どおりレスキュースタンバイをしていた東邦クルーに、年が明けた一月六日、一件の救助要請が入りました。暮れからの予想を超える大雪に四人パーティーが行動不能となったというのです。

現場は鹿島槍ヶ岳東尾根一ノ沢ノ頭。

状況や場所からしてそう難しい部類のレスキューオペレーションとは思えなかったこともあって、東邦航空松本営業所長の小松一喜さんが「私が行きましょうか？」と申し出たそうです。しかし「いや、オレが行く」とシノさんはその言葉を遮るように現場へ向かったとのことでした。

いつもの段取りどおりに救助用ネット「赤モッコ」に要救助者四人を収容し、シノさん自らもその中に入って「長吊り（センタースリング）」で現場から離脱しようとしたその瞬間、バランスを大きく崩したネットから振り落とされてしまったシノさんは空中に放り出され、不運にも太いダケカンバの木にそのまま激突してしまったのです。

棺の中のシノさんは、顔に少し傷はあったけれど、まるで眠っているように穏やかな表情をしていました。

風花の舞う寒い日に執り行なわれた葬儀には、県警や山小屋をはじめとする山岳救助関係者はもとより、およそ山に関わる数多くの方々が弔問に訪れておられました。それぞれの深い悲しみの中には、シノさんが実際にその命を救った方と見受けられるお顔も拝見しました。シノさんはその生涯にレスキュー出動が一四〇〇件ともいわれており、篠原秋彦たったひとつの魂が救った命は、ほんとうに数知れないほどだったのです。

その事実をあらためて目にし、そのあまりに偉大すぎる功績の前に、そしてわれわれがその篠原秋彦を喪ってしまったことにただただ天を仰ぐしかありませんでした。

通夜から葬儀、そして事後処理のお手伝いで、ぼくは足かけ一週間ほどを安曇野で過ごしていたでしょうか。一連のことが終わった虚脱感のなか、ふと穂高稜線で別れて以後音沙汰のない岡田昇のことが頭をよぎりました。でも冬山では撮影のワンチャンスを摑むのに一週間かかることなんてザラにあります。優れたクライマーであり、体中から野性の匂いを放つあの岡田さんのこと、きっとまだ稜線で頑張っているのだろうと最初はあまり気にもとめませんでした。それが一週間経ち二週間経つにつれて、さすがにこれはおかしいと思いはじめ、やがてはその遭難が確実となってしまいました。

岡田昇は風雪の穂高に消息を絶っていたのです。

自分にとってかけがえのない存在であった人物、篠原秋彦、岡田昇両氏をわずかな期間に立て続けに喪うことになってしまったあの冬を、ぼくはいったいどうやって過ごしていたのか。いまとなっては記憶がすっかり抜け落ちているのですが、なにか現実感のないフワフワとしたおかしな世界にいたような気がします。つい先日ある方から、あのときぼくがシノさんの棺にすがって泣き崩れていたとのお話をうかがったのですが、ぼく自身はそうした姿であったこともまったく覚えていませんでした。

ヒマラヤの高峰をいくつも登った強いアルピニストたちが、何でもないような山で信じられないくらいあっけなく命を落としています。より高く、より困難を目指すアルピニズムの世界では、絶対的に人間に勝る自然にいつかは命を奪われてしまうのかもしれません。しかし二人の死は、そうした山の掟にあっても、あまりにあっけなく、そして信じ難いものでした。

山岳救助に携わっていてたびたび思うのは、レスキューの場合はこちらの各々のレベルに応じて相手を選ぶということができないことです。自分たちの技量が十分でないからといって、遭難はそれに合わせて起こってはくれません。ともかく現場へ行ったからにはなんとかしなければならない。自分たちの身の安全はもとより、助けを求める人を何がなんでも生還させなければなりません。ところが山というものと対峙すると、時として圧倒的な力の前で成すすべなく立ち尽くすしかないことだって少なくないのです。

そんななかでシノさんはいくつもの奇跡を起こしてきました。そのシノさんにわれわれ救助関係者がすがるような思いを抱いたのも当然のことでした。篠原秋彦の存在は、山で助けを求める者たちの最後の切り札であったのです。そのシノさんが、ヤラレてしまった。その衝撃と喪失感は途方もないものでした。

そしてそのころには、山はもう岡田昇を捜そうにも近づくことすらままならない厳冬の咆哮の中にありました。時折、里から白い山並みが姿を現しても、ぼくはそれを美しいなどとは思えず、どうあがいてみても太刀打ちなどできない畏れある存在としか思えなくなっていました。

呆然と立ち尽くすしかない者に、時の流れは容赦してはくれません。やがて気がつけば、その年も山のシーズンの始まる春が近づいてきました。しかしそれは、篠原秋彦のいない春でした。

シノさんを喪ったからといって山の遭難がなくなるわけではありません。残されたわれわれ民間の救助関係者は、早春の山に黙禱を捧げ、再び救助訓練に取り組みました。東邦航空松本営業所を率いる小松一喜所長を中心に、同じく東邦のパイロットの関根理さん、涸沢ヒュッテの山口孝さん、シノさんの親友であったカモシカスポーツのダンプさん（高橋和之）などが率先して皆の結束を高めてくれました。しかしその中にあってぼく自身は、それまでのイケイケの気持ちは鳴りをひそめてしまい、どこかビビっている自分がいたように思います。

シノさんの事故、それはどんな事故でもそうであるようにいくつもの要因が重なって起こったものです。ただ決定的だったのは、シノさんはあのとき、モッコからセルフビレイをとっていなかったということです。要救助者四人をモッコへ入れたあと、自らもそこへ乗り込んだときにモッコにカラビナをパチンとやってさえいれば、たとえモッコから振り落とされてもそこで止まり、「おぉー、ヤバかったなぁ！　あンときは」と武勇伝のひとつで終わっていたと思うのです。

セルフビレイをとるなどというのは救助のイロハのイであるし、シノさん自身も現場でわれわれに口を酸っぱくして言っていたことでした。その絶対にやってはならないはずの初歩的なミスを、じつは場慣れた人ほど犯してしまう。それは山の世界にかぎらずよく耳にすることです。

あらためてぼくはそのことを思い知らされました。そして、恐ろしくもなってしまったのです。なにせあの篠原秋彦がヤラれてしまったのですから、いわんや技量も経験もはるかに劣り、どこかいい加減なところがある自分においてをや、でした。

そんなビビリを感じながらぼくはどうにか訓練をこなし、新たなシーズンを迎えようとしていました。そして、シノさん亡きあとのレスキューを、これからは自分たちが担っていかなくてはという悲壮な決意を抱いてもいたのです。

## リスクマネジメントとは

「認知・判断・操作」という言葉を聞いたことがあるでしょうか。

ぼくが最初にそれを聞いたのは、おそらく自動車教習所でだったと思います。またその後の免許更新時に安全運転の退屈な講習を「何を当たり前のことばっかし言うとんねん……」と眠気の中で聞いていたときにも、再びそのフレーズを耳にしたように思います。

その折に、その「認知・判断・操作」の中でもっとも重要なのはどれであるかという問いが出され、ある人が「それは判断である。たとえ認知が遅れてもその後の判断が正しければダイジョウブ。操作を誤ってもその後の判断でいくらでもどうにもできる。判断を誤ればその後の認知や操作なんてできない」と答えました。すると別の人から「それは違うデショ」と。「まずは認知でしょう。正しく見て知らなければその後はどうにも対処できない。よく見ることがまずは大切です」との声が上がりました。で、教習所のセンセイが「すべて重要です。早い認知、適切な判断、確実な操作、どれが欠けても事故になり得ます。もちろん認知が遅い、または認知しないとなれば判断、操作にも影響するのは言うまでもありませんが」とソツのないオチで締めておられました。

ふむ、とぼくは眠気を振り払って考え込みました。その話は、えらく山にも当てはまることではないのかと思ったのです。そして山であれば、その言葉は「認知・判断・行動」と言い換えてもいいかもしれないと。

さらに自動車事故の要因の七〇パーセントを「認知のミス」が占めるという興味深い話もありました。「前をよく見ていなかった」「人がいることに気がつかなかった」という類いの事故原因がメチャメチャ多いというのです。なるほど、そりゃあ見て気づけなければどうしようもないわなぁと思うのですが、顕在危険（見える危険）だけなく、潜在危険（見えない危険）というものもあって、その場合は「認知・予測・判断・操作」となるらしい。この「予測」というのは、つまり「～かもしれない」と想像すること。『ダロウ運転』はダメですよ！『カモシレナイ運転』でお願いしますっ！」という、これもどこかで聞いたことのある例のヤツです。

うん、でもそれは山でもとても大切なことではありませんか。

たとえば一〇月上旬、上高地から岳沢へ向かい、重太郎新道から吊尾根を経て奥穂高岳山頂へ、そして穂高岳山荘を目指すとします。

紅葉の始まった上高地は、雲は多いものの穏やかな日差しが降り注いでいました。しかし目指す奥穂高岳の頂は雲の中、そして残念なことに岳沢に着くころにはシトシトと雨が降りはじめてしまいます。でもそんなに強い降りではありません。見上げる吊尾根は雲の中で様子をうかがうことはできませんが、出発時の天気予報では前線通過後に午後は晴れとなっています。

さて今後の行動をどうするか。

もちろん上記だけでは判断材料が少なすぎてなんともいえないと思いますが、少なくともぼくなら、そのまま重太郎新道を登れば、標高を上げた吊尾根では降雪に遭うリスクを考えると思います。その判断には、そのときの上空の寒気や気圧配置などの情報がさらに必要かもしれません。そうした情報からその後の状況を想像することは可能です。「こらぁ稜線は雪かもしれん……」と。そしてその場での自分の装備、体調、時刻などを総合的に判断してその後の行動を決めることになるでしょう。

そうした山での動きを「認知・予測・判断・行動」というキーワードに当てはめると、そのときの状況を見て自分がいま置かれている状態を知り、これからその状況がどう変化あるいは持続していくのかを予想し、それからどうした行動をすべきなのか考え、そして実行に移すというプロセスを踏むことがよくわかります。

交通事故ではその最初の「認知」の段階でのミスが多いとのことですが、山での遭難もその「認知・予測」の時点でのミスが原因となっていることは非常に多いと思うのです。たとえば二〇一四年度の長野県における遭難事故の態様別では、その六割近くを「転落・滑落・転倒」によるものが占めています。それは一見すると「行動」の部分の話ではないかと考えがちですが、じつはそのアクシデントにいたる前段階、つまりは「認知・予測」の部分でミスを犯した結果としての「転落・滑落・転倒」が数多くあると思えるのです。

先に挙げた岳沢から吊尾根への例でも、これから踏み込もうとする場所への状況認識と想像力をはたらかせれば、「思いもしない突然の悪天候によって……」ということにはならないはずです。


リスクマネジメントとは、さまざまな危険を未然に防止するための管理手法や活動をいいます。同じようなことが山でもいわれるようになってきています。「危険を避ける」あるいは「回避」することがリスクマネジメントであると捉えられがちですが、じつはそうではありません。そこに存在するリスクを「知ること」です。

上高地で10月に降る雨は、標高3000mに近い稜線ではほとんどの場合、雪となり、尾根を白く染める

そもそも山に登るという行為は、そこに存在する危険を受容することなのです。

## たかがすれ違いと侮るな

雨続きの八月のある日のことでした。高校生の生徒さん二人を引率していた先生が、ザイテングラートを下山中に転落して亡くなるという事故がありました。

現場は山荘からものの五分ほどで、ザイテングラート全般からいってことさら危険とも思えない場所でした。先生の後ろについて歩いていた生徒さんによると、登ってきた登山者とすれ違うために先生は「どうぞ」と谷側へよけたそうです。その直後、先生の姿は音もなく乳白色の霧の中へ消えてしまったとのこと。現場の路肩にあたるその部分には、岩がそっくり抜けたバケツほどの穴の痕が残っていました。きっと見た目にはしっかりとした岩に思えたのでしょう。それが連日の雨で緩んでいたのかもしれません。

それが登りであれば、踏んだその一歩の支えが抜けたとしてもこらえることができたかもしれません。しかし下りで、しかも道を譲ろうと谷側へ踏み出した足元が崩れれば、成すすべはありません。ザイテングラートのどこにでもありそうなその地形は、いったん踏み外してしまえば谷底へと一直線で、人の体を止めてくれるものはありません。

　その先生は転落現場から二〇〇メートルほども下の斜面で亡骸となって見つけられました。

　もうひとつ、やはりすれ違いが原因での記憶に残る事故があります。旧知であった山岳カメラマンの磯貝猛さんの死亡事故です。

　あの日ぼくはイベントの開催された涸沢をあとに、めずらしくも北穂経由で穂高岳山荘へ戻る予定でした。朝のすがすがしい大気のなか北穂沢を気持ちよく登り、南稜取付のハシゴ場を過ぎて一休み。すると上の方で数人が集まって何やら騒がしい様子です。

「何かあったかな……」と訝しみながら近づくと、下山中の人がつまずいて転倒し、幸いすぐに止まったものの腕を骨折か脱臼してしまったとのこと。すでに松本署を通して救助要請が行なわれており、涸沢の常駐隊基地から隊員が現場へ向かっていました。「では、それまで付き添いますね」と、けがした人と一緒に待つことしばし。やがて涸沢ヒュッテのコーイチ君（山口浩一、山口孝さんの息子さん）がものすごいスピードで現場まで駆け上がってきました。

（「はぁ〜、若いモンは元気やなー」）とか思いながら処置を手伝っていると、彼の遭対無線が妙なことを伝えています。北穂南稜のぼくたちのいるさらに上部でもう一件、別のレスキューが発生しているらしいのです。

そして、その要救助者はあの山岳カメラマンの「イソちゃん」であると……。


われわれ救助関係者がよく口にしていたことのひとつに、「身内のレスキューはやれんよなぁ」があります。相手が知った人であると、時として感情が前へ出てしまって冷静を保てなくもなります。それはヤバいやろう、と。

しかしそのときは、そんなことを言っている場合ではありませんでした。こちらの現場のけが人はコーイチ君に託し、ぼくは南稜を駆け上がりました。やがて南稜テント場に差しかかる手前で、右手の広いガラ場に数人の人影が見えました。息せき切って駆け寄ると、そこには北穂高小屋の足立敏文さんがなんともいえない表情で佇んでいます。そしてその傍らで同じく北穂小屋の早川直輝君が懸命に、横たわるイソちゃんに心臓マッサージを行なっていました。

すぐに「……代わるわ」と声をかけて心肺蘇生を交代しましたが、イソちゃんはすでに意識はおろか自発呼吸も心肺も停止しており、胸部のポンピングにもむなしい手応えしかありませんでした。「おいっ、イソちゃん！　アカンやろ！　戻ってこいよ！」と声をかけますが、同時にどうしようもない絶望感に包まれました。医者でないぼくたちには死亡判断はできないのですが、もうイソちゃんの命の灯が消えてしまっていることはわかってしまっていたのです。

やがて長野県警の「やまびこ」がホイスト収容してくれたのですが、いつもならそれで感じる安堵感なんてものはみじんもありません。重い足を引きずるようにしてたどり着いた北穂の小屋では、ヨッちゃん（小山義秀氏）がぼくの姿を見るなり、目を真っ赤にして「ハチさん……」と呻くように迎えてくれました。

聞けば、昨夜北穂小屋に泊まったイソちゃんは、今朝も陽気にヨッちゃんや足立さんと軽口を交わしたあと、ゆっくりと下山を始めたそうです。そして南稜と奥穂への分岐点の直下、谷側の路肩がオンタデの茂みで覆われた地点で、下から登ってきた子供さんを避けようとほんの少し谷側へよけた瞬間、左足を半歩踏み込んだその茂みの下は空中だったためバランスを崩して頭から転落。運悪くそこにあった尖った岩に頭部を打ちつけ、そのまま一〇〇メートル近くを転落してしまったということでした。

イソちゃんは北穂高小屋とは付き合いが深く、また番頭さんの足立さん（足立さんは滝谷などで幾多のレスキューをやってこられた、常々尊敬している方です）とは親友でした。イソちゃんが事故ったらしいと通報を受けて、事故現場へ真っ先に駆けつけたのがその足立さんだったのです。

後日、イソちゃんの葬儀で足立さんが詠まれた弔辞は、涙なしにはとても聞けないものでした。計り知れない衝撃と悲しみの中にあったにもかかわらず、直接その収容に携わった救助隊員として、事故の事実経過とその対処を的確かつ冷静に（ほんとうは冷静でなんかいられなかったと思いますが）参列者に報告してくださったのです。感情を抑えたその言葉はイソちゃんへの想いに溢れており、ぼくは背筋を伸ばしてその言葉を聞きながら流れ出てくる涙をどうすることもできませんでした。

イソちゃんは誰からも愛される人物で、たしかにちょっとおっちょこちょいなところはありましたが、一般登山者と比べてはるかにキャリアを積んだ山人でした。そのイソちゃんが、ケアレスミスともいえるほんの些細な不注意で、あっけなくこの世を去ってしまったのです。

登山道ですれ違うとき、下る人は谷側へよけてはいけません。下る人が山側へよけて、登る人に路肩に注意しながらすれ違ってもらうべきです。下りでバランスを失うと致命的な結果となるのです。そんなことは、きっとイソちゃんもどこかのコースガイドに書いていたはずなのに。

その後、足立さんが安置したイソちゃんの墓碑銘に手を合わせました。すると、どこからかイソちゃんに「ハチも気をつけろヨー」と言われた気がしました。

北穂高岳南稜の登山道。道の真ん中は安全だが、谷側には不安定なガレや、空間を隠すようにオンタデが生い茂る場所がある。道を譲るときは、決して谷側によけてはいけない

## フィックスロープ大作戦

あれは六月の中旬だったろうかと思います。ぼくはライチョウのつがいの撮影に夢中で、気がつくと涸沢岳直下の斜面にまで来ていました。そのころであっても穂高はまだまだ稜線までびっしりの雪。アイゼンを着ければかなり急斜面であっても行けてしまいます。

やがて稜線から濃灰色のガスが辺りを覆いはじめました。そろそろ撮影を切り上げようとしていると、何やら人の話し声がガス越しに涸沢の方角から聞こえてきます。それも一人や二人ではなく、かなりの人数のようです。「そういえば、きょうは韓国の団体がくるんやったっけか」と思い出し、なおも目を凝らしていると、ザイテングラートの脇の斜面を隊列を組んで、いやほとんどバラバラにかなりの大人数が登っています。もちろんロープなどはつないでいません。それにピッケルを持っている人はほとんどおらず、大半がストックかその辺で拾った棒切れのようなものを手に登っています。雪はもう「雪渓」と呼んでいいくらいの硬さになっていますし、それにかなりの急斜面です。「危なっかしいなぁ」と思いはしたものの、まぁ午後になっていくぶん雪も緩んでいたし、いくらなんでも登りで落ちることもないやろと見届けて小屋へ戻りました。

この時期はまったくお客さんがいない日もあるくらい山は静かです。でもその日は二十数人の団体予約が入っていました。情報では、その韓国からの団体にはエベレストのサミッターがガイドとして同行しているらしい。でもそのわりにはなんやオソマツな登り方やったなぁと思いながら、土間のストーブに火を入れて小屋内を暖め、お湯を湧かしてお茶の用意などをしていると、やがて山荘前のテラス（この時期は自慢の石畳はまだ雪に覆われています）がワーワーキャーキャーとやかましくなりました。どうやら一行が到着したようです。

ところがその先頭グループが着いてからすべてのメンバーが小屋に揃ったのはなんと二時間近くもあとの、いくらこの時期は日が長いとはいえ予定の夕食時間もとうに過ぎたころでした。まぁその日はほかにお客さんもいなかったのでそれはべつにどうということはなかったのですが、驚いたのがメンバーでちゃんとしたアイゼンを着けていたのは四、五人だけで、ほとんどの人が軽アイゼンやチェーンアイゼン、中にはアイゼンそのものを着けていない人まで見受けられたことでした。（「おいおいマジかよ……。あしたまた涸沢へ下山って言うとるけど大丈夫なんやろか?」)と不安がよぎります。

そんななか、メンバーの中の一人の若者が疲れた者を世話したり部屋割りなどにせわしく動き回っているのが目につきました。どうやら彼がツアーリーダーのようです。その若者はキム君といい、到着が遅くなったことをたどたどしい日本語でしきりに詫びてきます。いつもニコニコと笑顔の彼は体中から一生懸命さが伝わってくる、なんだか「いいヤツ」ではあったのですが、どこか頼りない感じもあって、(「へぇー、この子がエベレストサミッターなんや。えらいオボコイなぁ」)と内心思いながらしばらく言葉を交わしていました。すると案の定エベレストに登ったのはそのキム君ではなく、彼が「あの人が登った方です」と指差す先にピカピカのブランド品のウエアに身を包んだ方がおられました。

ぼくはパッと見で、その人がどれくらい山を登れる人であるかおおよそ見当がつきます。ウエア類の着方や装備などからなのですが、加えて登れる人にはある共通する独特のたたずまいというかオーラを感じるからです。でもそのときは「ふーん」という感じで、その「サミッター」がそれほどの実力者であるという感じはしませんでした。それにそのサミッター氏はガイドではなくツアーのお客さんであって、そもそもこの団体にガイドの役割をする人はいないとのこと。(「オイオイ、ほんならこのパーティーの安全確保は誰がするの？」)という不安が広がりました。

やがて一行は夕食のテーブルにつき、にぎやかな食事が始まりました。一昔前に比べてあまり酒を飲まなくなった日本人登山者に比べて、韓国の方々は豪快です。焼酎をビールで割る「バクダン」をデカいコッフェルでぐいぐい回し飲み。なので、ビールがひっきりなしに売れました。やがて、ビールをせっせと買いに来るキム君もなんだかいい調子でヨッパラッてきているみたいです。そのキム君にぼくはたまりかねて、「あんなぁキム君。あしたみんなを無事に下ろさなアカンのやろ？　そんなゴキゲンになっとってエエのんか？」と尋ねてしまいました。

すると彼はとたんに顔を曇らせ、「ソウナンデス。ソレを考えると不安で不安で……。ダカラもうヨッパラウしかないと思って」とのたまいます。思わずぼくは声を荒らげて「あのなぁ、ヘタしたらあした、誰か死んでまうかもしれんゾ！　わかっとんか？」と言うと、「スミマセン、どうしたらいいでしょう？」とポロポロと涙を流しはじめたのです。慌ててぼくは「あーもうっ、わかったから泣くなヨ。あしたはおれらもサポートするからっ」と言ってしまいました。とたんにキム君は目に涙をためたまま満面の笑顔になって、「アリガトゴジャイマス！　ドモドモデス！」とぼくの手を握ってきました。ぼくは（「オイオイ、マジかよ。とんだハメになってしもたなぁ」）とため息をついたのでした。

さて翌朝。ぼくたちは下降路となるザイテングラートにフィックスロープを張るべく小屋中のロープをかき集めました。小屋からザイテンバットレス下の斜度が落ちるあたりまで直線で六〇〇メートルはあります。五〇メートルロープ一〇本でも足りない計算。そしてそのとき動ける小屋番は全部で五人でした。そもそもアンカーにするスノーバーもそんなに数はありません。そこで先に三ピッチほどをフィックスして、最初のロープを全員が降りたらそのロープを外してスタッフが駆け下ってさらにロープを延ばす、という作戦を取ることにしました。

ところが実際に下降を始めると、フィックスロープにしがみついてしまって動くこともままならないメンバーが数人いることがわかりました。スタッフの一人が確保のために付きっきりでジリジリ降ろすしかありません。さらに万が一に備えてフィックスロープにプルージックをセットしてあげたりカラビナをつけたりと面倒を見つつ、残る四人のスタッフは走り下ってロープをフィックスしたかと思うとすぐに登り返して上部のロープを回収し、その行程でステップも切っていくというアルバイト。

そんなぼくたちの奮闘ぶりを韓国の連中も意気に感じてくれたのか、皆さん真剣かつ必死に下降を続けます。やがてなんだか「おーしっ！　みんな無事に生還するゾー！」みたいな妙な一体感まで生じてくる始末。キム君も列のしんがりを務めて「アリガトゴジャイマス！」を連発しながら、時おりズルッと滑っては一生懸命ロープを握って降りていました。

さて、スタッフはザイテンを最低でも二往復ほぼ全力で登り降りしたので、バットレスあたりまで降りたときには皆もうヘロヘロでした。そこへ、騒ぎを聞きつけた涸沢の小屋番たちがサポートに駆けつけてくれたのでほんとうに助かりました。バットレス下の「もう大丈夫やろ」という斜度のところからは涸沢の小屋番たちが引き受けてくれることになり、一行とはそこでお別れです。「アリガトゴジャイマス！　アリガトゴジャイマス！」とまたぼくの手を握るキム君に、「あんなぁ、こんど来るときはちゃんとしたガイドさん連れてこなアカンで」と告げると、キム君はまた満面の人懐こい笑顔でこう答えたのです。

「ダイジョブデス！　モウゼッタイ来ない！」

その言葉どおり、その後キム君を穂高で見かけたことはありません。韓国からの団体を見るにつけ、ヤツはいまごろ何の仕事をしているのかと思い出します。

# 奥穂高岳〜西穂高岳縦走雑感　〈ブログ「ぼちぼちいこか」より転載〉

常々ちょっと気になっていた奥穂〜西穂縦走について個人的な雑感を記してみます。

およそ地図に載っている登山道としてはおそらく日本一の難路ともいわれるこの縦走路ですが、近年このルートにチャレンジする人が増加傾向にあるように思います。人が「難しい」「困難だ」「危険だ」と言えば言うほど、興味をそそられ挑戦したくもなるものなんですね。

まず言いたいのは、ジャンダルムに代表される岩稜歩きの困難さばかりが強調されがちなこのルートですが、仮に西穂から奥穂へ向かう場合その積算標高差は約一二〇〇メートルとも一六〇〇メートルともいわれ、しかもその間に一〇〇〇メートル以上を下降するという、じつは非常な体力ルートであるということです。

もともと登りと下りとでは使う筋肉が異なり、これを繰り返すのはとてもハードなのですが、単純にその標高差（たとえば標高差一六〇〇メートルは、ほぼ上高地と奥穂山頂のそれにあたります）を登り下りするだけでなく、標高三〇〇〇メートル付近の希薄な酸素の中で随所に手も使うクライミング的な動きを求められ、時にはその高度感に筋肉が緊張しまくったなかで力を振り絞らなければならないのです。いってみれば、筋トレしながら口鼻にはマスクをしてランニングをするようなもんとちゃうやろか?と。加えて重いザックを背負ったりすれば、そらもうエライことでんがな。

さて、このルートを考える場合、奥穂→西穂がいいか、それとも西穂→奥穂がいいかとよく尋ねられます。ぼくはたいてい「体力的には奥穂→西穂のほうが標高を下げていくので有利。でも技術的には逆に多くの難所が下りとなるのでやや難しい」と答えていました。基本的には当たっていると思うのですが、近ごろは奥穂→西穂と西穂→奥穂ではこれまで思っていた以上に難易度に差があるのではないかと思いはじめました。つまり西穂→奥穂のほうがかなり大変なのではないだろうかと。

その大きな要因は天狗のコルとジャンダルムとの標高差です。西穂から奥穂へと向かった場合は、天狗のコルからのキツイ登りのあとに縦走路中のハイライトともいえるジャンダルム~ロバの耳~馬ノ背を迎えます。これはやはり体力的にかなり「くる」のではないかと思います。

もっとも奥穂→西穂も、ジャンからの長い下りで足が疲れたあとに天狗ノ頭、間ノ岳、西穂と越えていくわけで、西穂の下り（とりわけピラミッドピーク付近）で事故が多いのもそれが原因かもしれません。なので「危険度」では変わらないのかもしれませんが、所要時間でいうと間違いなく西穂→奥穂のほうが時間がかかると思います。通常のプランニングであれば奥穂→西穂は山中一泊二日ですが、西穂→奥穂は二泊三日となることからもその中身の違いがうかがえます（ロープウェイの始発がもっと早い時間にあれば「西穂→奥穂」も一泊二日が可能かなぁ）。

ちなみに大キレットはダンゼン「槍（南岳）→北穂」が有利で、逆コースは難所がモロに下りとなって難しくなります。知る人ぞ知る超健脚、福井のアッチャン（高原篤子）のように「今朝、南岳まで往復してきたの」と、まだ午前中の一〇時にもならないころに山荘脇のテントで朗らかに笑っていらっしゃる方には、まぁどっちゃでも関係ない話ではありますが。

個人的には、この縦走路中で技術的にもっとも難しいのはジャンからロバの耳の小尾根を乗っ越し、飛騨側へほぼ垂直の岩場をクライムダウンする個所ではないかと思っています。先日も切れた鎖の補修にジャンを往復しましたが、往きの登りはともかく、帰りの下りに「なんでココに鎖がないのん？」と思ってしまいました。

しかしながら技術的には難しいはずのそのロバの耳の岩場や馬ノ背、あるいは天狗ノ頭の逆層スラブなどでは、じつはほとんど事故は起きていません。逆に事故が多発

激しいアップダウンが続く西穂高岳～奥穂高岳間縦走路

するのはたとえばロバの耳と馬ノ背のあいだの名もないピークの斜面であり、西穂の下りの何でもなさそうな岩場であったりします。つまり事故は危険とは見えない場所でこそ起きているのです。

人は目に見える危険には対処できても、目に見えない危険には無力なものです。その目に見えないものに対して緊張感を持って自分を研ぎ澄まし、いかにその危険を感じて察知できるか、ということが重要でありましょう。そしてそのベースとなるのは、やはり体力です。疲れてくると当然、注意力や判断力が損なわれてしまいます。

きちんとしたガイドさんたちがよく

口にするのは、このコースのガイディングの厄介さです。グレートの高いクライミングルートであっても、確保支点が確実なものであればむしろそのほうがよほどガイディングしやすいと。とても困難だけれども確実なプロテクションがとれる壁と、わずかな不確定要素ではあってもそこでのミスが致命傷になり得るコースとではどちらがヤバイか、ということでしょうか。つまりこの穂高稜線は、プロのガイドさんたちであっても（いや、であればこそ）ひと時も気の抜けない、潜在的に危険がひそむルートなのです。

でも実際には縦走している数時間ものあいだ、ずっと緊張し集中するのはムリというもの。そこは自分自身と対話することでコントロールしていくしかないのかなとは思うのですが、ぼくが心がけていることとして、登りではあまりゼーハーゼーハーならないように呼吸に気をつけるくらいで基本的にはリラックス、逆に下りでは危険察知アンテナを全開にして緊張感を持つようにしています。

それと、連休などで多くの人が登っている日には「人為的な危険要素が増す」ということも考慮すべきです。落石事故は、当たり前の話ですが落とした下に人がいなければ何もなく済むわけで、落とす落とさない以前に、そもそもそういう位置関係にならないよう注意を払う必要があります。落石した人がアカンのは当然ですが、山ではそういう可能性のある場所で安易に下に位置するのもアカンのです。とはいっても人が多い場合は、それでは全然進めなく時間がかかってしまうので、先行者と速度に差がある場合はどこで追い越すか、あるいは追い越してもらうかというのもテクニックのひとつでしょう。

さて、とある日のお話。ヨーロッパのハイソなご夫婦が日本の「ビギナーズロッククライミングルート」であると聞きつけて西穂からの縦走に挑みました。次々と現れる「困難」というより「危険」というべき難所にだんだんとイヤ気がしてきたらしいその若奥様を、旦那さんはなんとかなだめすかしながら、それでもようやくジャンダルムを越えてあと少しで奥穂というところまでこぎつけました。

ところが最後の難所、馬ノ背を前に彼女は「こんなアブナイところ行けるワケないでショ！　ワタシハモウイヤヨッ！」と動けなく（動かなく？）なってしまったのです。困り果てた旦那さんはとうとうレスキュー要請を出すに至ったのですが、通報を受けてぼくたちが駆けつけてみると、先のような事情だったのでけがをしているわけでもなく、「まぁ、ほんならロープ確保しよか」とルート工作することになりました。

そうこうしているところへ、やはり西穂からの縦走のおじさんたちが四、五人ほどポツリポツリと馬ノ背に差しかかってきました。救助活動中なので先に行っていただくことにして「どうぞー」と声をかけると、「えぇ……」と応えるどの方も足取りは重く、かなりお疲れの様子。「コレ越えればもう難所はないですヨ。奥穂もすぐソコです！」というぼくの言葉に頷きはするものの、なんだかもうヘロヘロの様子で通過していきます。

やがてロープセットを完了し、念のためショートロープで確保しながら彼女を促して馬ノ背に取り付くと、なんと見事なバランスと身のこなしではありませんか。そのことを彼女に尋ねると、ヨーロッパのドロミテなどでロッククライミングの経験がかなりあるとのこと。でも、それはすべてプロガイドとロープをつないでのクライミングであって、馬ノ背のような岩場をプロテクションもなしに一人で歩くなんて考えられないということでした。

「うーん。そりゃあ、彼女の感覚のほうがもっともなのかもしれんなぁ……。だいたいにおいて、麦わら帽子をザックにくくりつけたようなおっちゃんが、ヨタヨタと馬ノ背を歩いとることのほうがオカシイよなぁ」などと思いつつ、その若奥様とロープをつないだまま小屋へと向かいました。その道すがら、結局は馬ノ背で先行してもらった方々をすべて追い抜いてしまい、「こらぁレスキューせなあかん人をオレは間違えとるんとちゃうやろか?」とつぶやく始末。ま、山荘で「生きててヨカッタねー」なんて旨そうにビールを飲む方々の充実感満点の笑顔には、ぼくも心の中で(「ホンマにヨカッタっすねー」)と拍手してしまうのではありますけれど。

さて、このルートを最初に歩くならベストシーズンは九月の初・中旬ではないかと思います。移動性高気圧の周期で天候を見定めやすいこと、真夏の暑さによる体力の消耗を軽減できること、比較的登山者が少ないこと、天狗のコルから岳沢へのエスケープルートに残雪の心配がないこと、などからです。まぁ一般の方にとっては休日と好天とを一致させるのはなかなかに難しいことではありましょうが、もしもドンピシャでタイミングが合えば、サイコーの雲上の一日を過ごせると思います。ただし九月も下旬になってしまうと、思わぬ気温低下に見舞われて岩にベルグラ(薄氷)が張り付いたりもします。そうなるともう困難どころか不可能なルートとなりますのでご注意を。

最後にひとつ。

決して軽々しく人に勧めることはできない場所ではありますが、ロバの耳からジャンダルムあたりのあの圧倒的な岩の感じは、ぼくはあれこそ「穂高の中の穂高」と思っています。そして穂高の神髄に触れることのできる縦走路があれだけの難路であることに、ぼくはどこか誇らしささえ感じているのです。

山に登る人は、その体力、技量、経験はまさにさまざまで、登ろうとする思いや理由も人それぞれでしょう。でもそんなこちら側の事情は、そこにある自然には関係ありません。ビギナーであろうがベテランであろうが、山は人を差別しません。そこに存在する危険や困難は誰にも等しくあるのです。「オレだけはダイジョウブ」なんてことはありません。山では臆病になることがとても重要だと思います。

山を畏れること。

山に謙虚になること。

山の経験を積むとは臆病を重ねること——でありましょう。

## 冬の涸沢岳西尾根の落とし穴

〈ブログ「ぼちぼちいこか」より転載〉

「冬穂高」に登るのに、もっともよくたどられるルートといえば涸沢岳西尾根。以下、その涸沢岳西尾根についての考察です。

涸沢岳西尾根（涸沢岳西山稜とも）は、冬穂高へのメインルートとされています。およそ無雪期には登られることのないこの尾根が、なぜ冬期のメインルートとされているのか？　それはひとえに「雪崩の危険回避のため」といえるでしょう。

奥穂高岳へ登る場合、夏には一般的である涸沢、岳沢、白出沢という「沢」の名のつくルートは、冬期には雪崩の巣となり使えないとされています（本当にそうなのか、という考察はまた別の機会に）。それゆえ冬は「尾根」をたどるのが基本となり、奥穂へのルートとしては前穂北尾根～前穂～吊尾根～奥穂、西穂～奥穂、涸沢岳西尾根～奥穂などが考えられるわけですが、冬の北尾根や西穂からとなると高いクライミング技術と経験がなければとても踏み込めません。その中にあって涸沢岳西尾根だけは唯一、特別な技術を必要とせずに（と書くとかなり語弊はありますが）登下降できる穂高への冬ルートであるのです。

たとえば涸沢岳西尾根でロープが必要か?と考えてみると、使ったほうがいい場所や状況はあるにせよ、実際には大多数の登山者がロープは使わずに登り降りしています。また雪崩に関しても西尾根でその危険を感じるのは一カ所だけ(F沢のコル上部のルンゼ)で、そこもルートの取り方によりほぼそのリスクは回避できます。

では、西尾根は「安全な冬ルート」といえるのでしょうか?

答えは「ノー」だと思います。少なくともぼく個人は、冬の西尾根を「安全」とはとうてい思うことはできません。むしろ隠されたリスクの非常に多い、かなりシビアなルートであると思っています。もちろん「雪」という不安定なものが介在する以上「安全な冬山」など本来あり得ないのですが、その中においても涸沢岳西尾根は独特のリスクの存在する厄介なルートだと思うのです。事実、このルートで命を落とした人は決して少なくありません。しかもそのほとんどが山の実力者の方たちばかりです。私の大切な先輩であり、兄貴であり、憧れの人物であった山岳カメラマン　岡田昇氏の遭難もありました。

ではこのルートでもっとも警戒が必要なこととは何かというと、雪庇です。雪庇に対する注意なぞは雪山のイロハのイですから、当然そこはケアされるべきポイントで

涸沢岳西尾根、蒲田富士頂上付近の雪稜を行く

す。それに雪庇は、そうとわかって注意さえすれば回避可能なリスクとも思われます。

ところが、涸沢岳西尾根での雪庇は状況次第ではそう簡単な話とはなりません。

上の写真は一二月の半ば過ぎに西尾根を登ったときのものですが、先頭を行く者の前方の雪庇が左右に向きを変えて張り出しているのがおわかりになるでしょうか。場所は蒲田富士の雪稜を涸沢岳へと進み、F沢のコルへと下りるピーク（北西尾根とのジャンクション）の手前になります。その年の積雪量や雪の積もり方によって変化はあるものの、この場所はこうした「両雪庇」となることが多くあります。そうなると、晴天時であればともかく、数メートルほどの視界しかないような状況下ではルートファインディングがとても難しくなります。

そしてこの個所の雪庇は、登り（蒲田富士から涸沢岳へと向かう場合）のときは比較的確認しやすいのですが下りの際にはちょっとわかりづらく、さらに当日のピストンではなく、他ルートからの（あるいは奥穂冬期小屋に停滞後に）下山路としてトレースがない状態で踏み込むときはことさら注意が必要です（ここでの事故はほとんどこのケースでしょう）。

つまり蒲田富士付近の雪稜での雪庇の踏み抜き事故は、単純な雪庇への不注意から生じるのではなく、時に複雑な張り出し方をしている雪庇へのルート取りの難しさによるものと考えられます。ですから、視界不良時にこの雪稜に踏み込むのはとりわけ避けるべきです。

もちろん雪山である以上、ある程度のリスクがあるのは当然です。そしてそのリスクは雪の状態で大きく変わるもの。たとえば雪質の安定する二月から三月にはワンデイで西尾根を登って穂高を滑る記録も見られます。しかし年末年始時期は、おそらくもっとも雪の状態が変化しやすく不安定な時期ではないでしょうか。私はもう一〇回以上このルートをたどっています。でも、同じ状況というのはほぼなかったし、不安定な雪やどうしようもない深雪に阻まれて敗退したことも一度や二度ではありません。そして知れば知るほど、私はこのルートが怖く感じるようになってきています。

幾度か西尾根をたどって、ある程度の経験を積んだころのことでした。穂高岳山荘の冬期小屋で二週間近くを過ごした私は、どうしてもその日に下山したく、昼前には天気が崩れるのを承知で西尾根を下山したことがあります。あのころは「どんだけ吹雪いても、あの尾根ならルートを失うことはない」くらいに思い上がっていたのです。悪天時の（いや晴天時であっても）西尾根の下降は、吹き上げてくる烈風にまともに向かい合わなければならず、また足元の雪面はその強風に磨き上げられてカチカチであり、ワンミスが命取りとなることは間違いありません。やがてどうにかF沢のコルまで下降したときには、もうこれで滑落の危険はほぼないと安堵していました。ところが蒲田富士の雪稜に差しかかったころに周囲の視界が見る見る閉ざされてしまい、雪稜の中でまったくルートを判別できなくなってしまったのです。なにしろ真っ白な中、雪と空の境もわかりません。上部ではほぼ一定していた風向きも、その付近ではあらゆる方向から吹いてきます。まったくのホワイトアウトに陥った私は、「これはヤバい！」と焦りまくりで、どんどん冷静さを失っていきました。やがて、たどってきた方向へ戻るという判断すらできなくなり、進退窮まってしまったのです。どれくらいの時間そうしていたでしょうか。ほんの数分だった気もするし、何十分も経っていたかもしれません。突如としてなんと、立ち尽くす私の前に一羽のライチョウが現れたのです。「アンタ、こんなとこで何しとん？」ってな感じで。そしてそいつがトコトコと歩いてくれたおかげで雪面の在りかが判別でき、自身の正気も取り戻せたのです。やがてそのライチョウの進行方向のガスが切れ、ようやく地形を把握できた私は蒲田富士を無事に越えることができたのでした。
（この話、えらくマユツバに思われるでしょ？　でもホンマなんです。）

涸沢岳西尾根は、起点の新穂高温泉から換算すると標高差約二〇〇〇メートル。林道のアプローチに始まり、樹林帯の長い急登、雪の中での幕営、ラッセル、森林限界の突破、岩と雪のミックス帯、雪庇の出た雪稜、強風とアイスバーン。そうした雪山のエッセンスが随所にある悪くないルートだと思います。うまく好天をつかめば、蒲田富士から涸沢岳への雪稜では滝谷やジャンダルムがすごい迫力で迫ってきますし、さらに涸沢岳から奥穂高にかけての稜線では素晴らしい冬穂高を満喫できます。

穂高平より。下から延びるラインが涸沢岳西尾根ルート

しかし西尾根は、冬穂高の「一般ルート」とするにはいささか落とし穴が多いということもぜひ知っておいてほしいと思います。

## なぜ「間違い尾根」なのか

〈ブログ「ぼちぼちいこか」より転載〉

奥穂周辺での遭難で、たびたびそのポイントとなるのが「間違い尾根」です。「間違い尾根」とは、たびたび道間違いが起こることから穂高岳山荘の初代支配人の神憲明氏によって名づけられたと聞いています。ここは、かつて上高地の伝説的名案内人、上条嘉門次も穂高初縦走時に迷い込んでしまったという〝由緒正しい〟間違い道でもあります。以来、幾度となく悲劇の舞台となり、道標の設置された現在であってもこの場所での遭難は後を絶ちません。

なぜこの「間違い尾根」でこうもルート判断を誤るのか。以下、ぼくなりの勝手な考察です。

まず奥穂の山頂から白出のコル（穂高岳山荘）方面へ下山する場合、方角的にはほぼ真北へ向かうことになります（山頂から見るとちょうど槍ヶ岳へ真っすぐの方向）。しかし奥穂山頂直下では下山路は真っすぐ北ではなくやや西向き、つまり西北方向へ向かっています。そして山頂から五〇メートルほど下ると、そこで右方向へ急角度に折れて小さな尾根を乗っ越して北へ向かう主稜線へと至ります。

空から見た穂高連峰。奥穂高岳から白出のコルに向かう尾根から北西方向に分岐するのが間違い尾根

視界さえ利いていれば何も問題ない場所です。目指す方角の槍ヶ岳などが見えていればもちろんのこと、多少ガスっていても主稜線との位置関係さえ把握できればこの「曲がり角」には気づくはず。しかし周囲が見えないと「間違い尾根」を主稜線と錯覚し、その地点でルートはほぼ直角に右に折れると認識できなくなるのではないでしょうか。ちなみに嘉門次の初縦走時も奥穂からの下降時はガスに覆われて周囲がまったく見えなかったそうです。

さらに積雪期には、この「間違い尾根」を乗っ越すあたりの地形が一変することが理由として挙げられます。この地点は雪が着くと主稜線へと至る個所が急傾斜の雪壁となり、その下降地点は上から覗くとスッパリ切れ落ちて見えます。さらに降り口が小さな雪庇状となっている場合もあります。そうなると視界が利いて主稜線が見えていればともかく、先の見通せない風雪のホワイトアウトでは、とてもそこを下降するとは思えない地形となってしまうのです。

繰り返しますが、そのポイントで周囲の地形が見えるかどうかが問題で、わずかでも視界があれば尾根の右側の急峻な雪壁から主稜線へのルートが確認できるはず。それがまったく周囲の見えないホワイトアウトでは、その右へ折れる下降地点に気づくことができません。

したがって「間違い尾根」での遭難は、①ある地点で急角度で進行方向を変えなければならない、②降りるべきルートが急斜面の雪壁となっているため下降路と認識できない、という地形的要因を背景に、③視界不良（ホワイトアウト）という状況から発生すると考えられます。

それに加えて、④奥穂山頂というひとつの到達点を過ぎたことからの安心感、⑤現場は悪天時にまともに風雪が吹き付ける風上側の西側斜面、⑥「間違い尾根」の右側ルンゼと主稜線右の直登ルンゼの類似など、トラブルの要因はほかにも考えられます。

奥穂山頂から穂高岳山荘までの歩行距離は六四七メートル（これは前述の神さんが登山道沿いに巻尺を当てて測った距離です）。「間違い尾根」分岐から山荘までは六〇メートルほどでしょうか。夏であればものの数十分で、積雪期に慎重に下りたとしても一時間ほどです。このほんのわずかともいえる下降路で、過去何人もの人が命を落としています。さらに山荘寄りの支尾根に迷い込んだ末に滑落し、白出沢で発見された人も一人や二人ではありません。また山荘上部の雪壁での滑落やルート迷いも毎年のように発生しています。ジャンダルムやロバの耳といった悪場に比べればずっと容易であるはずの稜線なのに、小さな落とし穴がいくつもあるということでしょう。

ぼく自身、夏のなんでもない時期にこの稜線で深い霧にまかれて、ちょっとした錯覚を起こしたことがありますし、冬の強烈な風雪にルートを失いかけたこともあります。そもそもそういった状況に陥るのを回避すべきなのですが、どうしても悪天時に行動せざるを得ない場合も出てきてしまいます。ましてレスキュー出動などは悪天時ほど多く発生するわけですし。ただ「間違い尾根」に関していえば、その地形の特徴をあらかじめ認識していればトラブルを回避できるのではないかと思います。そこに落とし穴があると知っていれば落ちることはないわけですから。

穂高ではとりわけ険しいともいえない「間違い尾根」ですが、じつはそこには罠がある——。穂高の先達はそのことを伝えたくて、あの尾根をそう名づけたのだと思います。

視界が利いているときの間違い尾根分岐

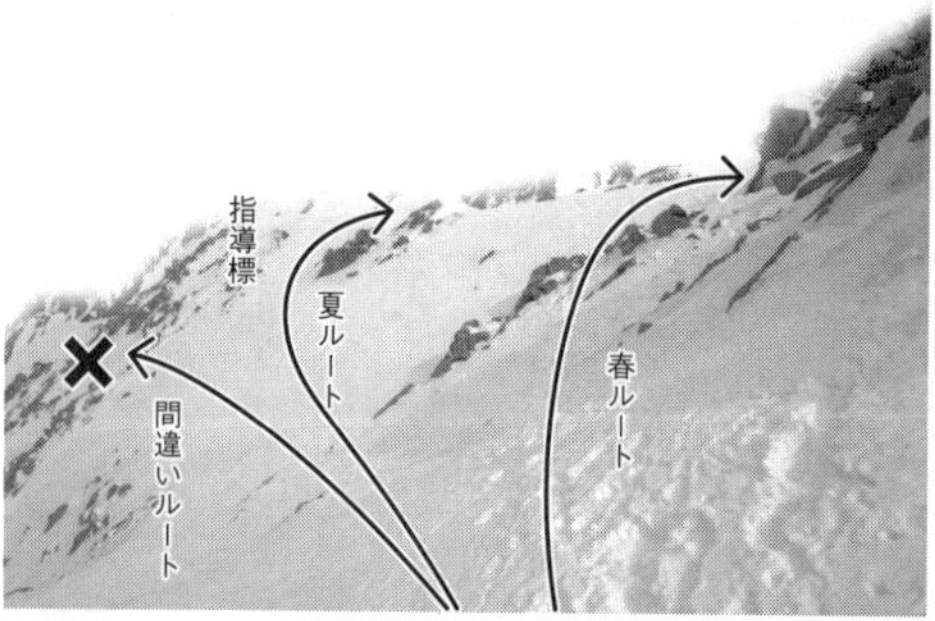

視界がないときの間違い尾根分岐付近

## 痛し痒しのワイヤーネット

「こらぁ！　そこのオッサン、ちょと待てぇぇ！」

思わずぼくは叫んでいました。ワイヤーネットに引っ掛かっていたそのおじさんが、なんと再び登りはじめたのです。

穂高岳山荘のある白出のコルから奥穂高岳への登りは、その出だしがハシゴ場などもある急峻な岩場となっています。五月の大型連休のころはその上部が斜度五〇度を超える雪壁となり、過去にはここでの滑落死亡事故が毎年のように起きていました。

ぼくがはじめて小屋に入った年のこと。除雪の最中に何気なく手を止めて雪壁を見ていると、「あれぇ、みんな山側向いて下りてるのに、なんであの人だけ前向いとんやろ？」と思った瞬間、その人がストンと尻餅をついてツーと滑ったかと思うと、アッという間にすごいスピードで滑落し、白出沢へ音もなく消えていったことがありました。これは当時新人だったぼくにとってはとんでもなくキョウレツな体験で、「穂高では人が死ぬんや……」と愕然としたものです。

ところが、ある時期を境にここで滑落して命を落とす人は一人もいなくなりました。べつに登山者の技術が突然向上したわけではありません。あまりにも事故の多いことを憂いた関係者により、この雪壁の下部に転落事故防止のためのワイヤーネットが設置されたためです。この効果は絶大で、以来この場所での死亡事故は起こっていません。

もちろん落ちる人がいなくなったわけではなく、けっこうの人がこの網に引っ掛かっているみたいです（なんか魚の「定置網」みたいですネ）。みたいです……というのは、実際に人が掛かっているのを目撃したのは二、三回ほどしかないからです。この網に引っ掛かって運悪く骨折などをすればその後レスキューとなるのですが、けがさえしなければ何食わぬ顔で「あー、死ぬかと思ったぁ」などと言いながら下りてくるので、意外にその現場を見ることはないのです。

さて、冒頭のオジサンにぼくが大声を出してしまったのは、そもそもその人が「下り」ではなく「登り」で落ちたから。だいたいにおいて、あの雪壁の「登り」で落ちたなんて、それまで見たことも聞いたこともありません。登りでダメなのに、いったいそこをどうやって下りてくるというのでしょうか？　怖くて登れなかったという人は何人か知っていますが、そういう人はちゃんとそこで敗退して下りてきていました。

あのワイヤーネットに引っ掛かるということは一度死んだも同然なわけで、それをまた「なんの、もう一回！」とそこから再チャレンジするなどとんでもない。それで思わず怒鳴ってしまったというわけです。

結局、そのオジサンは駆けつけた山岳警備隊のサポートもあって無事に白出のコルまで下りられたのですが、曰く、「こんなオソロシいところ、もう絶対に下れないので登ろうと思った」。

（「って、あのなぁ、ほんならどこまで登るつもりやってん？　天国か!?」）と、思わずツッコミたくなりましたがそれはこらえました。


そんな具合におそらく大勢の命を救ったワイヤーネットではあるのですが、景観上うっとうしいものであることは否めません。とくに冬にエビノシッポが着くようなときには（そういうときこそ撮影チャンスだったりします）ことさら目につきます。なので、きょうもぼくは複雑な思いであのワイヤーネットを見上げるのです。

仕事柄、登山道の鎖の支点の補修や白ペンキでのマーキングなどを行なうことがありますが、そのたびにぼくはけっこう悩みます。できることなら山にそのような人工物を設置するのは避けたいものだと。でも実際にその場所で命を落とす人がいたりすると、そのための対処をせざるを得ないし、むずかしい問題ではあります。

さて、件《くだん》のワイヤーネットについて注意点を二つ。

その年の雪によるルートの取り方によっては、このネットの恩恵をまったく受けない場合があります。つまり落ちたら命はほぼナイ。ゆめゆめアテにするものではありません。

それともうひとつ。ワイヤーネットの網の目の間隔は、じつは人が通り抜けてしまうくらいの幅があるのです。もうちょっと狭くしたほうがエエかなぁと思案していたところ、山荘のボス、今田英雄さんが言いました。「あの隙間をくぐり抜けて落ちていくようなヤツは、ハナから生きる意志のないヤツやから、あのままでエエ」。

——ご注意下さい。

# 第2章 遭難救助の現場から——人を助けるのは当たり前

## 子供のはずが…予想外の事態の救出劇

それは、蒼い夏空がどこまでも広がる八月下旬のことでした。

まだ昼前だというのに山のように溜まったドンブリやコーヒーカップに半ばウンザリしながら、せっせと洗い物をしていたときのことです。

「ハチローさんっ！　神岡署からお電話です！」

背後からの声に、すぐにイヤな予感がしました。

案の定、その電話は遭難発生の一報でした。「ロバの耳付近で落石を受けた子供さんが動けなくなっている」とのこと。あいにく数日前に岐阜県警の警備隊は小屋での常駐期間を終えたばかり。現場へいちばん近い救助隊員は山荘のぼくたちでした。

出動要請を受けたぼくがまずやったのは、洗ったばかりのドンブリに飯を盛り、卵かけごはんにしてワシャワシャとかっ食らうことでした。「救助に出るときはまずメシを食え！」というのは小屋の先輩たちから教わった鉄則です。腹が減ってはなんとやらで、事に当たるに際して腹ごしらえをすることはとても大切なのです。助ける側がシャリバテでしっかりと動けないようでは話になりません。そしてそのわずかな時間のあいだに気持ちを落ち着かせ、必要な装備や救助方法などに頭をめぐらせるのです。

小屋から奥穂高岳へはいきなり岩場とハシゴ場です。洗い物でシワシワになった手で、夏とは思えないひんやりとした岩を摑んで駆け上がります。とたんに心臓はバクバク、食べたばかりのものがノドにこみ上げたりもします。この突然の山道ダッシュはいつもながらキツい。でもこの「現場へ走る」というのは救助隊員の「イロハのイ」みたいなもので、ともかく現場へ急ぎます。のんびり走る救急車があり得ないのと同じで、ゆっくり景色を眺めながら現場へ向かうレスキュー隊員などいません。薄い酸素にハアハアゼイゼイ、のどに血の味を感じながら奥穂への稜線を急ぎます。そうするうちに周囲からは夏山おきまりのように雲が湧きはじめてきました。

奥穂山頂をガラ場をショートカットして駆け抜け、「馬ノ背」のナイフリッジを平均台よろしく駆け降りると、やがてぼくたち仲間内では「ブタの背」と呼ぶ台地に差しかかります。目の前にはジャンダルムが大きく迫ってきていて、もう遭難現場はすぐ下であるはずです。しかしその「ロバの耳のコル」は稜線が深く切れ込み、その場からではまだ遭難者をうかがうことはできません。

落石を起こさないよう慎重に下降していくと、やがてその鞍部にお父さんを抱きかかえるようにする子供さんが見えてきました。

（「ん？　けがしとんのは子供さんやいぅ話やったけど？」）と訝しみながら近づくと、なんと子供さんに見えた小柄な人がお父さんで、抱きかかえられているのが大柄な息子さん。ぼくは「親子連れ」と聞いて小学生くらいの子供さんとそのお父さんをイメージしていたのですが、実際には六〇代のお父さんと四〇代の息子さんだったのです。

落石を受けたその子供さんならぬ息子さんは頭部にかなりの裂傷を負っており、当てがっていたタオルは血で真っ赤です。さらに転落した際に右足も骨折したようで、そのほかあちこちに打撲もある模様。ともかくも止血などの応急処置を施しつつ、「〇〇さん！　〇〇さんっ！」と呼びかけますが、朦朧としていてうわ言のような反応があるだけで、ひと目で危険な状態であることがわかります。傍らのお父さんの「なんとか助けてください」との祈るような視線を痛いほど感じます。

この時点で現場へ駆けつけた救助隊員はぼくと相棒のビッチ君（吉富政宣）の二人だけでした。応援の隊員を頼もうにも、どこから来るにせよ数時間はかかる現場です。おまけに周囲はいつの間にかガスに覆われ、視界もどんどん悪くなってきました。小屋を出る時点で、現場に着くころには雲が湧くかもしれないことはある程度予想はしていました。でも要救助者が子供さんであると聞いて、それなら背負ってでも小屋へ収容できるだろうとアマく考えていたのですが、実際にはその子供さんはぼくより上背もありそうな大柄な人で、いちおうお父さんに体重を尋ねてみると「さぁ、でも前は八五キロとか……」とのお答えに、

（「……マジかよ」）

と心の中で絶句です。

現場から下界へ最短で下ろすには天狗のコル経由で岳沢がいちばん近いのですが、途中にジャンダルムなどの悪場もあってちょっとムリ。奥穂から吊尾根を経て重太郎新道で岳沢へ下るのもはるかなる道のりです。唯一可能かもと思われるのは奥穂を越えて穂高岳山荘へ収容することですが、しかしそれも「馬ノ背」というナイフリッジの切り立った岩場を通過しなければなりません。それに山荘近くのハシゴ場も難所です。それを二人の隊員でやろうとするのは無茶を通り越して無謀というもの。何より頭部にダメージを受けている人を長時間背負って搬送することはできない話です。

唯一現実的なのは天候の回復を待ってのヘリ収容ですが、夏の午後に雲が湧くとたいていは日没後にならないとガスはとれません。そうなると現場でビバークとなり、

収容は翌朝になる可能性が大です。しかし、要救助者がそれまで持ちこたえてくれるとはとうてい思えません。

瀕死の遭難者を抱えてぼくは途方に暮れてしまいました。一縷の望みがあるとすれば、幾度も奇跡的なレスキューを成し遂げてきた東邦航空のシノさんの存在です。当時は「トウホウ」がバリバリとエアレスキューをやっていた時代で、その大将たるシノさんであれば、このガスの中でも何とかしてくれるかもしれません。

お父さんに状況を説明して民間ヘリ使用の承諾を取りつけます。そして遭対無線で神岡署へその旨を伝えました。そうしてヘリを待つことにしたのですが、ひとつ問題がありました。

たとえヘリが現場まで来られたとしても、このガスでは通常の収容方法である「長吊り（センタースリング）」やホイスト（救助用ウインチ）は使えません。機内にじかに収容するしかないのですが、そのためにはこの狭い「ロバ耳のコル」では無理。一〇〇メートルほど上がった、周囲の開けた「ブタの背」の広場までなんとか要救助者を搬送する必要があります。

コルから広場までは手足を使って登る、ちょっとしたクライミングになる岩場もあって、途中で容易に背負うのを交代できそうもありません。本来なら背負う隊員に二人ほどのサポートが付いて確保しながら、上からロープでの引き上げを行なうべき斜面です。つまり最低あと四人は救助隊員が欲しいところ。

いまならそんなムチャなことはしないよなぁとも思うのですが、当時のぼくはイケイケなところが多々あって「こんなん二人でもできるで!」と背負うことにしました。気合一発、「よいやっ!」と背負ってみると、ズシリと重たくはあったけれど、これならなんとかなるとも思えたのです。

岩場に取り付いて体を上げようとすると、ちょっと信じられないような負荷がかかってきます。でもそこは火事場のバカ力とでもいうのでしょうか、ゆっくりとではあっても攀じ登っていけます。背負われているほうも苦しいのでしょう、時折うめくような声が洩れてきます。そして背中からは、たしかに生きている、生きようとしている鼓動みたいなものが伝わってきます。

ところが一五メートルほど登ると、急に足が上がらなくなってしまいました。気力はあるのに、突然にパワーが尽きてしまったような感じです。しかしその場所では要救助者を下ろすことは不可能で、もしもそこで力を抜いてしまえばぼくと要救助者はおろか、スリングでサポートしてくれている相棒まで巻き込んで三人で岩場をふっ飛んでしまうかもしれません。辛うじて岩にしがみつくような体勢でこらえていると、

「チクショウ、なんでや！　なんで足が上がらん！」と、なんだか悔しいやら情けないやら恐ろしいやらで、涙さえにじんできました。

「ハチローさんっ！　ここ！」という相棒の声にわれに返ると、わずか一メートルほど上にどうにか要救助者を下ろせそうな岩の段差が目に入りました。あらんかぎりの力を振り絞るように数歩這い上がり、そろりそろりと反転し、どうにかこうにか要救助者をその岩の上に下ろして荷重を抜いたときには、そのままふわりと体が宙に浮いてしまうような感覚でした。その斜度ではフルパワーで力を出せるのはせいぜい一〇メートルが限界と知り、以後は相棒と二人で力を使いきる前に交代してジリジリと「ブタの背」を目指しました。

やがて周囲の開けた、転落の心配のない安定した広場にたどり着いたときには二人してしばらく声も出ず、まだ助かってもいない遭難者に（「オジさんっ、こんど山来るときはもうちょっと痩せてから来てくれヨ」）と思ったものでした。

さて「ブタの背」では冷たい風がガスを吹きつけてきます。要救助者とお父さんにツェルトを被せ、どこか視界の利く方向はないかと目をこらします。しかし目の前にあるはずのジャンダルムの姿さえいまは見えず、視界は五〇メートルもないほどになっていました。

遭対無線による情報では「トウホウ」は南アルプスで荷揚げ作業中でしたが、急遽こちらへ向かってくれたとのこと。ともかくあとはシノさんを信じて待つしかありません。

ヘリを待つ小一時間ほどのあいだには時折ガスが切れて岳沢から上高地まで見渡せるような瞬間もあるにはありましたが、それもつかの間で、またすぐに視界は閉ざされます。でも雲のかかっているのは稜線付近だけのようでもあり、(「うーん、下はけっこう見えとる。こりゃあ可能性あるかもしれん」)と自分に言い聞かせます。

やがて風音しかしない乳白色の世界に、かすかにあの聞き慣れたヘリの音、「ラマ」の発する独特の甲高いエンジン音が聞こえてきました。「来た!」と思った瞬間、遭対無線から「ソウタイ長野ニィマルイチから、現場」というシノさんの低く落ち着いた声が響き伝わってきます。ずっと散歩を待ちわびていた犬が主人に向かってシッポをちぎれんばかりに振るかのように、「げっ、現場デス　ドウゾ!」と応えるぼく。「えー了解。ちょっと稜線(雲が)かぶっちゃってるねぇ。いったん岳沢へ降りて様子見ます。ドウゾ」

やがてラマが高度を下げ、岳沢ヒュッテのヘリポートに降りる様子がうかがえました。無線交信によると標高二七〇〇メートルより上部は雲に覆われているようです。

それからどれほどの時間をガスの中で待ったでしょうか。(「こりゃあ、ムリか……」)と絶望的な気持ちになりかけたとき突然、また遭対無線が鳴りました。

「えー、ニィマルイチより現場。だいぶ雲の底が上がったので、これよりトライしてみます」

同時に岳沢の谷底から「ラマ」のエンジンの始動音が聞こえてきます。

「なお、下からは現場が確認できません。尾根筋をたどって上がるので、上から無線誘導願います」

「りょ、了解!」

(「マジかよ! 何も見えへんゾ」)と驚きながらも、祈るような思いで無線機を握りしめます。やがてガスの向こうにラマが上昇してくる音が聞こえます。しかしそれはかなりジャンダルム寄りの方角です。

「現場よりニィマルイチ、いま上がっているところより向かってもっと右! 奥穂寄りです! もっと右っ、三時の方角です!」

するとヘリ音はいったん遠ざかります。

この付近の稜線から岳沢へはコブ尾根という顕著な尾根があります。しかし現場である「ブタの背」からは、日印となるような明瞭な尾根があったかどうか。ヘリは視界の利かない中、わずかに見える前方の斜面を見ながらジリジリと高度を上げようとしているのですが、そのようにしてピンポイントで現場へたどり着くのは至難のワザです。というか、そんなことは奇跡的ともいえるへリフライトでしょう。幾度かのトライのあと、ほぼ足下のガスの中にへリ音がしてきました。

「(現場より) ニィマルイチっ、その上部! いま真下に聞こえます!」

少しずつですが、確実に近づく「ラマ」の音。すぐ近くで爆音はしているのですが、それでもまだ姿は見えません。

突然、何もない海面からクジラがいきなり大ジャンプをするかのように、白いガスの中から「ラマ」がその姿を現しました。

(「きっ、来たぁぁぁぁ!」) ぼくの全身に鳥肌が立ちます。

周囲に目標物がろくに見えないこのガスの中でのホバリングは極度に困難なはずです。一刻の猶予もありません。ドアを開けて半身を乗り出したシノさんとアイコンタクトを交わし、すぐに収容にかかります。

ホバリングする「ラマ」のフロアは地面から一メートルほどの段差があるのですが、その瞬間はどこにそんな力があったのかと思えるほど、その大柄な要救助者を機内へ押し上げることができました。インカムをつけたシノさんはその収容作業をしつつ、常に周囲の退路に目を光らせているようです。ラマのドアを閉め、スキッドから飛び降りるようにしてヘリの前方へ回ったぼくは、パイロットに向かって親指を立てます。

(「オッケー！　頼むっ！」)

しかしヘリはすぐには離脱できません。周囲は真っ白なガスです。目標物のない中で下降するのは、上昇するよりずっと難しいことなのです。

緊張感のみなぎったその瞬間、うそのように突然ヘリの背後のガスが切れ、なんと上高地が見えるではありませんか。「モーゼの十戒」のように、雲の中に一筋の退路が現れたのです。

「あっちや！　あっちが見えとる！」と必死でぼくが指差すのと、シノさんが後方のガスの切れ間を確認するのとはほぼ同時だったでしょうか。ラマはひらりと反転したかと思うと、猛然と上高地方面へと機体を真っ逆さまに飛んでいきました。

(「やったぁぁ……」)

その遠ざかる「ラマ」の姿をぼくは、うれしさと安堵がない交ぜになった脱力感でその場にへたり込みそうになりながら見送ったのです。

「ニィマルイチより現場、これよりワシントン（広場）へ向かいます。ご苦労さんでした」

奥穂高岳～ジャンダルム間にある通称「ブタの背」

「了解！　ありがとうございました っ！」

短い交信に、やり遂げたという充実感がみなぎります。そして、（「頼むっ、助かってくれよ！」）と心の中で祈ります。しかし、それでレスキューが終わったわけではありません。同行者のお父さんを無事に小屋へお連れしなければなりませんし、ぼくたち自身も小屋へ戻るまでは気を抜くわけにはいかないのでした。

帰り着いた山荘の前庭は登山者で溢れていました。そして厨房では夕食準備の真っただ中で、スタッフたちが慌ただしく動き回っています。「いまなんぼ?」と客食数を尋ねると「三〇〇超えてマス!」との答え。その日、幾度目になるのかわからない(「マジかよ……」)を心の中でつぶやきながら、ぼくはクライミングハーネスの代わりにエプロンを着けます。

そうして、ついさっきまで人の生き死にに関わっていたことなんてまるでなかったかのように、また忙しい山小屋の夏の一日へと埋もれていくのでした。

## スタッフ総出で救助救命に奔走した一夜

大型連休後半の中日、本来なら穂高岳山荘が連休中いちばんのにぎわいとなるはずのその日は、午後から吹雪となりました。五月とはいってもいったん天候が荒れると標高三〇〇〇メートルの稜線は厳冬期の様相となります。一〇〇人ほどと見込んだ泊まりのお客さんはその半分ほどにもなりませんでした。それでもそれなりに慌ただしい夕食を終えて、やれやれと従業員の食事が始まろうとしていた午後六時ごろだったと思います。

「お疲れさーん！」とスタッフや岐阜県警山岳警備隊の穂高常駐隊員たちと缶ビールを半分ほど空けたときにその電話は鳴りました。遭難の第一報です。

常駐隊班長の電話から漏れ聞こえてくる「涸沢槍…六人…行動不能…」という声に、少し酔いが回りはじめていた体に緊張が走ります。とっさに時計に目をやり「日没までもう三〇分ほどか」と確認したのを覚えています。

伝えられてきた状況はこうです。女性二人を含む中高年の六人パーティーが北穂から涸沢岳を経て穂高岳山荘へ向かう途中で行動不能に。パーティーは二つに分かれ、うち三人が涸沢槍付近でビバーク態勢に入り、残る三人が穂高岳山荘へ救助を求めに向かったものの行方不明とのこと。救助要請はその涸沢槍の三人のうちの一人から携帯電話によるものでした。

まず思ったのは「六人もかよ……」ということ。山のレスキューで要救助者の数はとても重要です。相手が一人なら、まったく意識のない行動不能な要救助者でもなんとか対応できます。しかしこのときのこちらの現場戦力は岐阜県警の常駐警備隊員四人、小屋番の遭対協隊員四人の計八人。六人を八人で助けるというのはちょっと厳しい。加えて夕闇迫る風雪という状況です。

頭の中でさまざまな考えが交錯します。穂高岳山荘と涸沢岳との間は穂高稜線としては比較的なだらかで悪場もありません。その稜線は数え切れないくらい足を運んだ、いわば自分の庭みたいなところであり、たとえ暗闇の風雪の中でもルートを失わない自信があります。でもいったん涸沢岳の山頂を北穂側へ過ぎると、ほどなく稜線はスッパリと切れ落ち、涸沢槍周辺は難しい悪場となります。もしもそこを歩行不能な者を背負い搬送しようとすれば、最低でも要救助者一人に対して救助隊員が四人は必要です。それをこの状況下で行なうのは二重遭難のリスクも否めません。しかし目の前で起こっている状況では、このままこの吹雪の中で一晩ビバークとなれば六人全滅ということも十分あり得ます。ぼくは「できることとできないこと」を頭であれこれ考えつつ、慌ただしく現場へ向かう準備を始めたのです。

「よっしゃ、ほんならまず警備隊の三人は涸沢岳の山頂まで先発してくれるか。ほんでまずは状況把握やで」と若い隊員たちに必要最小限の装備で急行するよう告げます。同時に、さらに必要となりそうな装備を整えつつ後続支援についての確認なども行ないます。そして警備隊のベテラン、川地昌秀隊員には小屋に残ってもらい、警察本部との連絡と山荘での受け入れをお願いしました。

あまり知られていないことかもしれませんが、山の遭難がひとつ起こると、その裏側では有形無形のさまざまなバックアップが存在します。たとえば、現場に出るのが民間隊員であれば保険処理などがあり、無線中継や救急搬送先の手配などもそうです。あるいは穂高岳山荘の事のわかった女性陣などは、「遭難発生」と聞くとまずおにぎりを作りはじめてくれるほどです。遭難救助は、現場の隊員だけで行なっているわけではないということなのです。

さて、山荘スタッフ四人の隊員が小屋を出たのはほぼ日没ごろ、まだわずかに薄暗がりの残っている時間帯だったと思います。風下にあたる東側を向いている小屋の玄関付近では風はほとんど感じません。でも、しばらく雪の斜面を登って稜線の西側に出たとたん、猛烈な風雪が押し寄せてきて一瞬息が苦しくなるほどでした。気温マイナス五℃、風速は二〇メートルを超えていたでしょうか。体感気温はマイナス三〇℃近くにもなります。でも少し動いていると、厳冬期のもっと過酷な状況も知っているので「まぁ、こんなら動けるなぁ」とも思っていました。

登りはじめてしばらくして先発隊から「涸沢岳山頂付近でビバーク中の三人を発見」と無線機が鳴りました。ビバークといっても涸沢岳の稜線で風を避けられる場所はほとんどありません。吹きさらしの中でなんとかツェルトを被ってはいるものの、絶えず烈風が吹き上げてくるなかではほとんど用をなさないはずです。まともに風雪にさらされたままその場にとどまることは死を意味します。その人たちを助けるためには、とにかく小屋へ収容するしかありません。歩行可能かどうかを確認すると「二人は歩けそうだが一人が意識混濁であやしい」とのこと。つまり一人は背負わなければならないのです。

穂高の遭難救助で要救助者が「自力歩行可能か否か」というのはとても重要なポイントです。もしも歩けない者を運ぶとなれば、地形の険しい穂高ではほとんどの場合、その人を背負うしか搬送方法がありません。でも背負うとなると飛躍的に救助は困難となりリスクも増します。なので、背負い搬送では救助隊員が多ければ多いほどよいといえます。でもこの先の涸沢槍付近にはさらに三人の遭難者がいるのです。

かなり微妙で難しい判断ですが、涸沢岳山頂で救助隊を二つに分けることにしました。警備隊一人と小屋番二人、さらに山荘から二人を増員要請し、五人で涸沢岳山頂の要救助者三人の収容作業に当たってもらいます。

ぼくを含む小屋番二人と警備隊二人の四人はさらに前進です。

やがて涸沢槍への下降地点に到着しました。ここからルートは稜線からほぼ垂直に涸沢側へ落ち込んでいます。このチムニー状の凹角は夏はクサリ場ですが、積雪期にはたいていクサリは埋まっていてロープを使った懸垂下降となります。下降支点を作りながらも、心の中ではこの先へ突っ込んでいいものかどうか逡巡していました。でも次の瞬間には、強風で声が届きづらいので顔を寄せた仲間たちの耳元で「D沢のコルまで行って発見できんかったら引き上げるぞっ」とぼくは声を張り上げていました。「D沢のコル」とは涸沢岳と涸沢槍の鞍部で、自分たちの戦力とリスクを考えるとそこが限界であろうと判断したのです。

まずは警備隊の大森亘隊員が下降します。続いて山荘支配人の中林裕二隊員、そして三人目の警備隊の佐々木拓磨隊員が下降していると、下から「この先に誰かおるぞぉ！」と声が飛び込んできました。下降後数十メートルトラバースした先の「オダマキのコル」付近にツェルトらしきものがあるというのです。気は急ぎますが慎重に雪に埋まったクサリ場を下降、さらに急な雪壁をピッケルとアイゼンを効かせながらトラバースします。そして雪壁をクライムダウンすると、ヘッドライトの明かりに照らされる風雪の中に、ツェルトを強風に剥ぎ取られそうになってほとんど体が風にさらされた状態の三人がうずくまっているのが目に入りました。

「○○さんですねっ！　××山岳会の○○さんたちですよね？　救助のモンです！」と大声で告げますが、三人ともこちらの呼びかけにも朦朧としていてはっきりとした反応がありません。ともかくも新たなツェルトを被せて直接吹きつける風雪を遮ります。テルモスのホットレモンを飲ませながら、それぞれの負傷の有無や意識の状態を確認します。また持ってきたダウンジャケットを着せたり、手袋を飛ばされた手に処置を施すなどせめてもの保温を行ないました。

　そしてわかったのが、要救助者三人のうち二人はなんとか歩けそうですが、残るもう一人の女性は意識混濁で自力歩行不能であるということ。とっさに「背負うのが一人ならなんとかできる！」と思いました。意識のある二人に「小屋までちょっとの距離や！　歩けるな？　イヤ、生きるためには歩いてもらうしかないぞっ、歩けっ！」

と気合を入れ、この二人の面倒を同じ小屋番の中林隊員に託します。ヤツとはこれまで幾度となくレスキュー現場を共にしてきた、いまやぼくのもっとも信頼のおける相棒です。

背負わなければならない女性の搬送を残る隊員で開始しました。まずは明治大山岳部出身の佐々木隊員が背負います。その彼をぼくと大森隊員がロープでサポートし、はじめは急な雪壁を一五メートルほど直上、さらに一五メートルほどトラバースします。背負われている人も苦しいのでしょうか時折うめき声をあげます。「ガンバレ！　だいじょうぶやっ！　ガンバレ！」と祈るような思いで大声をかけます。これは小屋番の大先輩である涸沢ヒュッテの山口孝さんから教わったのですが、意識の途切れがちな遭難者を搬送するときには「とにかく声をかけ続けろ」なのです。アチラの世界へやすやすと行ってしまわないよう、ともかく反応があろうがなかろうが声をかけ続ける。「オレたちが来たからには簡単には行かせるもんか！　生きろ！」との思いを込めるのです。

やがて核心となる稜線へ抜けるチムニー状の岩場に差しかかりました。ここはロープでの吊り上げが必要です。「三分の一」の引き上げシステムをセットします。そして大森隊員が上から引き、ぼくが下から押し上げるのですが、本来なら最低あと二人は人手が欲しいところです。でも、ともかくやるしかない。チムニーに入るとステップの位置を佐々木隊員に示しつつ、肩と頭で要救助者を押し上げるように支えます。佐々木隊員のアイゼンが岩を蹴って火花が散るのが目に入ります。チムニーの中は風もなく妙に静かでした。佐々木隊員と自分自身の荒い息づかいだけが耳に響きます。

なんとか稜線まで這い上がると、とたんに西側から凄まじい烈風が押し寄せてきました。まったく風の有無で天国と地獄ほど違います。ともかく安定した場所でいったん要救助者を下ろし、背負うのを交代します。後続の二人も気になりますが、この場所でグズグズするわけにはいきません。ここから小屋まで、ルートはすべて風上の西側斜面となり常に強風にさらされます。雪山で怖いのはなんといっても風です。雪中の烈風は体温を奪うばかりか体の機能を蝕み、やがては思考力も失わせます。この女性を生還させるには小屋へ逃げ込むしかありません。三人で背負うのを交代しながら小屋を目指しました。

涸沢岳山頂をトラバースし、小屋へと下る稜線へ出ます。山頂付近からの要救助者を搬送したトレースが雪の斜面にわずかに残るものの、人を背負った状態で少しでも足を滑らせれば滑落停止なんかできっこありません。焦る気持ちを抑えて慎重に足を運びます。夏の無雪期であればせいぜい一〇分ほどで駆け下れる斜面に、いったいどれほどの時間がかかったでしょうか。それでも、これでなんとかこの人を救えそうだという確かな手応えに体の芯から力が湧いてくるような思いでした。

ようやく風雪の中に小屋の明かりが見え隠れしてきました。それは圧倒的な大自然の猛威の中で、ポツンと存在する「命の灯火」のようでした。小屋の玄関に転げ込むように遭難者を運び込みます。すると、先に運び込まれていた涸沢岳山頂付近から救助されたうちの一人が玄関の靴脱ぎの板の間で救命処置を施されている姿が目に飛び込んできました。聞くと心肺停止状態とのこと。スタッフたちが懸命に心臓マッサージを施していますが厳しい状況のようです。われわれが背負ってきた女性もこの時点ではもう意識がなくなっており急を要します。すぐに食堂に準備された毛布の上に女性を横たえ、加温などの処置を山荘スタッフに委ねます。風雪の稜線ではまだ要救助者が二人、山荘へ向かっているのです。

差し出してくれた温かい飲み物を半分も飲まないうちに、ぼくたちは踵を返して再び暗闇の吹雪の中へと向かいました。相変わらずの烈風の涸沢岳の登りでは、装備も軽くなったはずなのに体が重く感じました。やがて山頂直下で中林隊員、そして残る二人の要救助者と合流しました。一人はなんとか歩けるものの、残る一人は意識障害を起こして立つこともままならないほど衰弱している状態です。歩ける一人はサポート隊と共に小屋へ先行してもらい、残る一人を再び背負い搬送します。

背負い搬送では隊員が疲れきらないうちに次々と交代していくのが鉄則です。幾度目かにぼくが背負ったとき、なんだか急に足に力が入らなくなってきたのを感じました。救助現場では時に自分でも信じられないような力を出せるものですが、でも気持ちや気合だけで動くのもやはり限界があって、あるところを境に急に足が出なくなるものなのです。でも山の救助は一人で行なうものではありません。常にチームプレーであって、仲間たちがいてくれます。このときも次々と背負うのを交代しながら一路小屋を目指しました。しかしさすがに誰にも疲労の色が濃くなってきた最後の雪の斜面では、ほとんど要救助者を引きずるようにして小屋へと転がり込むように入りました。

こうしてなんとか六人の収容を果たしました。暗闇の風雪の中、救助活動は四時間ほどに及んだでしょうか。しかしそれで救助が終わったわけではありませんでした。六人もの遭難者を受け入れた山荘はさながら「野戦病院」のようになっていました。玄関の上がり口や食堂の板の間では意識のない者の救命処置を施しているし、いちばん暖かな乾燥室では蒲団が敷かれ緊急の保温病室となっています。この時点での六人の様子は、三人が軽度の低体温症、二人が意識なしの重度の低体温症、一人が心肺停止というもの。重度の低体温症の二人に対して山荘スタッフ総出で処置を施しました。その陣頭指揮はこの年から若き山荘の主となった今田恵嬢です。みな乏しい知識と経験の中で懸命にできることに力を尽くします。

たまたま宿泊者の中にドクターと看護師の方がおり、助力を申し出てくださいました。そして救命処置の指示はもとより、心肺停止の方の死亡認定も行なっていただいたのはありがたいことでした。われわれには死亡判定はできません。こうした緊急状態の中では、できることにどうしても優先順位をつけざるを得ません。その中での重要な判断でした。

死亡と知らされたのは涸沢岳山頂にいた三人のうちの一人。その報に、その人を背負った警備隊の赤堀匠隊員が声を上げて泣きはじめました。ぼくは冷たく「オイ、泣くんは全部（下界に）下ろしてからにせえ。まだ（救助は）終わってないゾ」と告げます。気持ちはよくわかるのですが、まだ涙を流している場合ではないのです。目の前ではまだそれぞれ生死の境をさまよう救命処置が続いているのですから。

そのころには消灯時間もとうに過ぎて、山荘には就寝している大勢のお客さんがいました。野戦病院状態だからといってその方たちに迷惑を及ぼすわけにはいきません。救命に尽くす山荘スタッフ、警備隊員、手助けをして下さる方たちが皆、ことさら大きな声を上げることもなく粛々と救命作業に力を尽くしていました。外は相変わらずごうごうと風雪が吹き荒れています。およそ生あるものは何も存在できるとは思えないその状況下で、小屋そのものがなんだかひとつの生きもののように感じました。そこには懸命に人が人を救おうとする熱のようなものが存在していたのです。

皆の願いが通じたのでしょうか。明け方になって、危うい状態であった二人もなんとか意識を取り戻してくれました。意識を失っているほどの低体温症者への処置には注意が必要で、単純に温めればよいというものでもないようです。この「低体温症」というのは近年になって山ではよく聞く言葉ですが、低体温症による死がいわゆる「凍死」であるそうです。つまり凍死に至るプロセスがいろいろと明らかになってきたということでしょうか。

正直なところ、われわれは山での救助には長《た》けているものの、救急救命となるとかなり心許ないのが実情です。いつもまず考えてしまうのは、ともかく下界へ下ろして病院へということです。でも低体温症への対処にはその進行程度により「保温」と「加温」の違いの認識や、「アフタードロップ」や「ウォームショック」といった、事後処置によってはかえって症状を悪化させてしまうことへの注意が求められます。たとえば意識のない低体温症者は極力安静が求められるので、背負っての搬送などはよくないようです。でも、かといって風雪のその場で処置することも不可能だし、放っておけば死んでしまいます。小屋へ収容したあとの処置も症状に応じて対処しなければならず、あの日は恵さんはじめ対応した山荘スタッフがあの手この手で情報を集めて徹夜で処置に当たりました。その結果、二人が快方へ向かってくれたことにはほんとうにホッとしました。そして、小屋へ収容したというだけでは救えなかったであろう命を、関わった者たちみんなの力で助けることができたのがとてもうれしかったのです。

残念ながら一人はお亡くなりになりましたが、あの状況下で五人の方を救えたのはよかったと思います。あの遭難事故は、もしも事態がもう少し悪いほうへ転べば六人全員が命を失っていてもおかしくはない状況でした。

そしてぼく自身、「できることとできないこと」、あるいは「やれることとやってはいけないこと」の狭間で揺れ動いた救助経験となりました。そのときの自分の判断がどうであったのかは、いろいろと考えるといまもってわかりません。もっとよい方法や手段があったのかもしれないし、もしかしたら仲間たちを危険領域へと踏み込ませてしまっていたのかもしれません。

ぼくに言えるのは、そのときの現場での判断というものは「正しいかどうか」ではなく、「やれるかどうか」が大切ではないかということです。そして重要なのは、現場のリーダーが「これ」と決めたら、たとえ異論があったとしても周囲の者はそのことに力を尽くすということでしょう。批評や批判は事が終わったあとにいくらでもすればいい。でも現場ではあれこれ言っているひまはないし必要もないのです。ぼくが常々遭難現場で心がけているのは、「断固として（物事を）決める！」ということです。

でもそう思ってはいても、当然のことながら常に自分がいちばん正しいとは思ってはいないし思えませんので、救助をやるたびに「あれでよかったやろうか？」とイジイジと思い煩ってしまうのがいつものことでもありますけれど。

## 奥穂高岳「間違い尾根」のハプニング

「あのぉ、すんまへん！　ちょっと、すんまへん！」

その声に、ツェルトの中にいたぼくとユウジは顔を見合わせました。

奥穂高岳山頂にほど近い、通称「間違い尾根」。五月の大型連休も終わったというのに、その日は冬さながらの風雪が吹き荒れていました。そこでぼくたちは先ほど発見した遭難者を抱えて、ツェルトでなんとか風を遮ってテルモスの熱い紅茶を飲ませていたところでした。

（まさか同行者か？）と一瞬脳裡をよぎりましたが、それはあり得ません。さっき一瞬の風雪の切れ間に見えた岩稜には、どう見てもコト切れたと思える人の姿が、それも二つロープにぶら下がっているのを間違いなく見たのですから。

ぼくたちがその遭難の連絡を受けたのは、もう昼を過ぎたころだったと思います。涸沢岳での大量遭難で大騒ぎとなった大型連休も終わり、ちょっとホッとしていた日のことでした。ジャンダルム方面から奥穂高岳を越えて穂高岳山荘のある白出のコルを目指していた三人パーティーが「間違い尾根」付近でルートを誤り、あげくに二人が滑落、残る一人が高山署を通じて救助要請をしてきたというのです。

あいにく岐阜県警山岳警備隊の面々は春の常駐期間を終え、その前日に下山してしまったばかり。現場に近い穂高岳山荘から救助へ出られるのはぼくを含めて四人ほどでした。悪天候であることと時間が遅いこととで助けられるかどうかは微妙でしたが、ともかく山荘支配人のユウジとまずは二人で現場へと向かったのです。

風雪の稜線を現場へと急ぐ途中で絶望的な二人の姿を垣間見ていたので、生存している一人を見つけたときには「ヨシっ」と思ったものです。仲間が姿を消してしまったショックと風雪の中にとどまっていたことでその人は激しく消耗していましたが、なんとか自力歩行できそうです。それで「これなら救える！」と、とりあえずツェルトを被っていたところへ、冒頭の声がしたというわけなのです。

わけがわからずツェルトから顔を出したぼくの前に、雪まみれになった一人のおじさんがたたずんでおりました。

「へっ？　お、おじさん、どっから来たの？」とぼくが尋ねるのと、「あのぉー、おたくはんら、ナニしてはるんでっか？」とその人が尋ねてくるのとが同時でした。

「(ナッ、ナニって……)私たちは救助隊の者で、この人を助けにきたんです!」と、風雪にかき消されてしまわないよう大声でおじさんの耳元に告げると、おじさんはぼくに抱きつかんばかりにこう言ったのです。

「ワッ、ワタシもついでに助けてもらえまへんかっ!」

そのあまりの予想外の出来事に、ちょっと混乱してしまって言葉を失うぼくに、おじさんは矢継ぎ早やにしゃべりはじめました。

「イヤァ〜三日ほど前に前穂のほうから来ましてん」

「ほんでここらあたりで何にも見えへんようになって、こらアカン思て雪穴掘って寝てましてん」

「ほんで食べモンもなくなるし、寒いし、もうどないしょ? 思てたんですわ」

「ほんならおたくはんらの声がしまっしゃろ? こら助かったァ思てねー」

と、コテコテの関西弁でまくしたてるではないですか。

(「なんやねん! このマンガみたいな展開はっ!」)とぼくも心の中でツッコミを入れましたが、そうしている場合でもありません。なにせ場所は風雪の「間違い尾根」、しかもすでにもう遭難者を一人抱えているのです。

通常、われわれの遭難救助は警察署を通じての救助要請に基づいて行なわれます。

そうすることで救助隊員の保険なども保証されますし、自分たちが救助する側であるという立場に置かれるわけです。それが、出動した救助現場でまったく関係のない別の人からその場で直接に救助依頼を受けるなんてことは前代未聞、そんなの見たことも聞いたこともありません。そうはいうものの、当然その「助けてくれ」というのを断ることもあり得ません。急遽もう二人、山荘スタッフのスコット君とカンバ君にも現場へ向かうよう連絡を入れました。

先に遭遇した三人パーティーのうちの一人はツェルトでエネルギー補給をしたせいか落ち着きを取り戻し、サポートすれば意外としっかりした足取りです。それで彼はユウジが先に山荘へと連れていくことにして、ぼくはその関西弁のおっちゃんの面倒をみることになりました。

「間違い尾根」から主稜線に降りる個所はかなりの傾斜の雪壁となっています。まずそこを降りるわけですが、おっちゃんに「ここ、自分でクライムダウンできますか？一人で行けます？」と尋ねると、自信満々に「ハっ！　ダイジョウブでおまっ！」とぼくに敬礼してみせます。(「ホンマかいやー。ダイジョウブかぁ？・」)と念のため確保用のロープを着けると、おじさんは下りはじめて数メートルも行かないうちに「アリャぁぁぁ」とか言って滑落し、思いっきりロープにぶら下がるではないですか。(「……マジかよ、シャレにならん!」)と制動をかけてロープを握りしめ、あとはなんとかロワーダウンの要領でおっちゃんを下ろします。

自分で荷物を背負い、勢い勇んで歩きはじめたおっちゃんではありましたが、なんだか急にフラフラしはじめたようです。それで「もうその荷物は置いていきましょか」というぼくに、おっちゃんはなかなか同意してくれません。「どんだけ大事なモンでも、命のほうが大事でしょ」と言うと「いや、命より大事なモンが入っとる」と返してきます。(「どんだけ関西モンやねん!」)とまたまた心の中でツッコミを入れました。

やがてそうこうしているうちに、山荘のスコット君が駆けつけてきてくれました。それで彼におっちゃんの荷物を背負ってもらい、さぁこっからはペース上げていくゾと思ったのもつかの間、見る見るうちにおっちゃんの足取りがあやしくなってきました。それに先ほどまでは何かとしゃべりまくっていたのに、ずいぶん口数も減っています。

(「う~ん、こりゃあイカンなぁ」)と、おっちゃんにここからはぼくたちが背負っていくことを告げると、ちょっとイヤイヤをする素振りも見せましたが、もうその表情はなんか虚ろになっています。(「ここまで急速に弱ってしまうなんて……」)と内心アセりながら、まずはぼくがおっちゃんを背負いました。

歩きはじめてしばらくすると、おっちゃんがつぶやくように「あかん、見えへん。目ェ見えへん」と言うではないですか。ぼくは内心、(「そっかぁ……。とうとう視力まで。こらホンマにヤバいかも」)と思ったのですが、サポートしてくれていたスコット君がおっちゃんの顔を覆っていたフードをちょっとズラすと、「あぁ、見えたっ!」。

ぼくはなんだかカクッと力が抜けてしまい、(「この状況で、どんだけボケかましてくれるねん!」)と、その日何度目にもなる心の中でのツッコミを入れたのです。ところが、おっちゃんはそれきり言葉を発しなくなりました。背中越しに〝まだ生きてる感〟は伝わってくるものの、なんだかスヤスヤと眠ってしまったかのようです。

やがて穂高岳山荘へと下りる雪壁へと差しかかるころには、もう夕闇も迫ってきていました。そこからは、空身であっても緊張する急傾斜の雪壁と岩壁とを、人を背負っての懸垂下降やクライムダウンを強いられます。小屋を目前にしてのその最大の難所を前に、まるで窮地に陥った者を助けるヒーロー見参のように山荘のカンバ、別の要救助者を先に山荘に下ろしたユウジ、そして長野県警救助隊副隊長の岡田嘉彦氏と部下の母袋周作氏まで駆けつけてくれたのです。涸沢からサポートに向かうとの無線連絡を受けたとき、ぼくはその声をてっきり涸沢ヒュッテのコーイチ君だと思い、「現場到着は日没後となる」との連絡に「眠たいこと言うとらんと、トットと上がってこい！」とやってしまっていたのです。なので岡田氏を見てぼくは「あっれェー、岡田君やったんか！」と声を上げてしまいました。彼は彼で「いやぁー、ハチローさんから気合入れられてガンバッてしまいましたわー」と。そして夜間救助となった現場は急に活気づき、仲間たちの存在に勇気百倍といった感じでした。

核心のハシゴ場からの岩場では、カンバが「ダイジョウブです！　イケます！」と強い目の光でもっておっちゃんを背負い下ろしてくれました。いつの間にかたくましい〈穂高の漢（おとこ）〉となったヤツを、ぼくは頼もしく感じました。

岩壁を下り切るころにはもうすっかり暗闇になっていましたが、ありったけの照明で辺りを照らしてくれている山荘の光は、過酷な大自然の中で人の命を救ってくれる命の灯です。その玄関へ転がり込むように要救助者のおっちゃんを運び入れると、そこでは若き小屋の主である今田恵嬢が陣頭指揮を執り、いまや遅しとぼくたちの到着を待っていてくれたのでした。

さて、無事に小屋へとは搬送できたものの、もうその時点ではおっちゃんはまったく意識がなく、低体温症による昏睡状態となっていました。その数日前にも涸沢岳で大量遭難があり、低体温症に陥った数人を救助して山荘まで生還へと導くということがあったばかりでした。重度の低体温症を救うには、体の外からいくら温めてもその効果はあまり望めず、体の内部から、つまり温かいものを飲ませるなどがいいのですが、本人に意識がない場合、口から飲みものを摂取させることはできません。前回は幸いドクターが居合わせており、点滴による加温を施せました。しかし今回はそうしたスベはありません。ともかく暖かくした部屋で付きっきりの看病をするしか方法はないのです。山荘スタッフが交代で徹夜の対応を行なうこととなりました。

現場に出た疲れで先に休ませてもらっていたぼくは、夜中にドタンバタンという物音で飛び起きました。なんと例のおっちゃんが暴れているのです。もちろん本人に意識はまったくありません。なのに酒場でぐでんぐでんになったヨッパライのように、部屋から廊下へ転げ回っているのです。その目はなんだか完全にイってしまっていて、まったく正気ではありません。それをスタッフがなんとか引き止め、部屋へ連れ戻して蒲団を被せても、またしばらくすると暴れはじめてしまいます。さすがにそうなると女性スタッフでは対処できず、男衆が交代で面倒を見てくれました。数時間後、ようやくおとなしくなったおっちゃんは、こんどはのどの渇きを訴えはじめ、温かい飲み物を与えると、「オイチイ、オイチイ」といってチュウチュウ飲むのです。それはまるきり幼児化したようなありさまでした。専門的なことはよくわかりませんが、その一連の行動は、なんだか凍っていた脳が少しずつ解凍していくかのようでありました。

そして明け方、おっちゃんはパチクリとした目で突然に正気に戻りました。なんと自分がなぜここにいるかまったく理解できず、あの岩壁を背負い下ろされたことも覚えていないとのことでした。稜線の途中で、ぼくが「もう歩けないようなので背負います」と言ったあたりまでは辛うじて記憶があるそうなのですが、言うに事欠いて「あのまま歩かせてもらってたほうがシャンとできてた思いまんねやけどねー」とのたまうので、一瞬イッパツ殴ったろかと思ってしまいました。そして夜中の騒動も、まわりの献身的な看病も、「オイチイ、オイチイ」も、まったく何も覚えていないのです。まったく、あの一連をビデオに撮っておいて見せてやりたかったものです。

べつにその人からの感謝を求めて救助するわけでもないので、それはそれでまぁよいのですが、それからまぁそのおっちゃんがまたしゃべることしゃべること。あまりまともに対応していてはハラが立つので、ぼくはもうあまり相手にしなかったのですが、ぼく自身が関西出身であることを棚に上げて、「ああっ！　ホンマに関西モンはどもならん！」と思いました。

後日、そのおっちゃんのことを低体温症に詳しいドクターに話すと、その症状までいってしまった人が専門的な治療なしに生還するのは極めてまれであるそうです。おそらく周囲の処置が適切であったのだろうと。

でも、あのおっちゃんはそんなこと、やはりぜんぜん知らないと思います。

## 前穂北尾根の〝しょっぱい〟救助と後日談

不慮の事故で篠原秋彦さんが救助現場からその姿を消してしまっても、とても大きな財産をわれわれに残してくれていました。それは日本ではほかにない革新的な救助方法「長吊り（センタースリング）」です。

それまでは当局にバレてはいけないと戦々恐々としてこっそりと（というにはかなり派手な行ないでしたけれど）やっていた「長吊り」。日本の航空法では認められるはずもなかったその救助方法は、いわば超法規的行為としてシノさんが始めたものでした。ですから、当然シノさんの事故によりそれはもうできなくなるものだとわれわれは思っていました。

ところが事故後、思いがけない事態となります。当局の事後調査において、その「長吊り」救助方法そのものが問題視されることはありませんでした。あれはわれわれが勝手にやってはいけないと思い込んでいただけで、「ヘリに人はぶら下がってはいけません」なんて法はなかったのです。シノさんの死によってむしろ大手を振って「長吊り」をやれることになったのは皮肉としかいえません。

ところが、あのシノさんの勇姿に憧れ、後に続くことを切望し、そして常々あれほどヘリにぶら下がりたい！と願っていたくせに、いざ自分がシノさんのいない遭難現場の最前線に立つとなると、ぼくはみっともないほどに心細くなっていました。

遭難救助において「判断」というのは命の危険に直結します。目の前の状況に対して何をどうするのか。現場へ入る隊員は何名？　「長吊り」かホイストか？　「長吊り」なら何メートル？　天候は？　地形は？　装備は？　進入方法は？　そもそもの救助をやれるかやれないか。そうした重要なひとつひとつの選択を、即座に、的確に、そして揺るぎなく行なわなくてはなりません。

そうした「判断」は、それまではシノさんがほぼすべて担ってくれていました。その安心感というか〝護られている感〟はとても心強いものでした。ところが、仮免許しか持たない者がいきなり首都高速でハンドルを握らなければならなくなったようなもので、これからは目の前で起こる遭難事故に自分自身の判断と技量でもって挑まなければならなくなったのです。そのプレッシャーはハンパではありませんでした。

そんな不安を抱えながら、頼むから日々なんとか平穏無事に過ぎてくれヨと祈る思いでその年の山小屋暮らしは始まりました。しかしぼくが身を置くのは日本一の遭難多発地域の穂高です。そうは問屋が卸してくれません。

例年、事故がよく起きる五月の大型連休をなんとかやり過ごし、内心ホッとしていた夕暮れ時のことです。「単独行者が吊尾根付近で行動不能」という救助要請が飛び込んできました。要救助者は上高地から入山して岳沢から奥穂高岳を越えて穂高岳山荘を目指していたところ、前穂高山頂付近でガスに巻かれて方向を見失い、現在地がまったくわからずに身動きがとれなくなっているというのです。昼間は快晴だった天候は、そのころには前線の接近で下り坂。すでに前穂や奥穂の山頂付近は雲に覆われはじめています。

携帯電話で本人に状況を確認し直すと、「時おり雲の合間に進行方向左手に西穂稜線が確認できる」とのこと。ならば吊尾根にいることは間違いがなさそうです。そして吊尾根の最低鞍部付近だけはまだなんとか見えていました。

あらためて天気予報を確認すると、夜半からは強い寒気の流入で吹雪となり、数日間は荒れるとのこと。このタイミングで救助できなければ絶望的な状況となります。しかし日没までもう一時間を切っていました。歩いて向かったのでは当然間に合うわけもなく、ここはヘリしかありません。幸いなことにその日は上高地ベースでヘリの荷揚げが行なわれており、東邦航空の「ラマ」が上高地の玄文沢ヘリポートにいました。すぐにフライト要請を連絡し、こちらも慌ただしく出動準備を整えます。

いつもなら心強い相棒となってくれる東邦の小松所長や荒川肇君はあいにくの不在。関根理パイロットが整備士の田口勉君を乗せて穂高岳山荘まで飛び、ぼくをピックアップして現場へ向かいました。ところがヘリで吊尾根に接近して捜してみても要救助者の姿がどこにも見当たりません。前穂山頂こそ雲の中でしたが吊尾根の大半は見えていたのにです。

「関根さん、あの奥穂側のガスの中かもしれん。あの見えとるところに一回降ろしてもらえますか？　捜して連れてきますっ！」とインカムを通して関根パイロットに伝えます。

「了解。でもハッちゃん、天気ビミョーだからムリすんなよ。時間はかけられないよ」と冷静な応答が返ってきます。

もしもヘリから降りて要救助者を見つけられたとしても、降下位置までガスが下りて再び収容してもらえなければ、ぼく自身がかなりヤバいことになります。もちろんイザとなれば数日のビバークに耐える装備は携えていますが、そんなのはごめんです。

最低鞍部付近の雪面に降り立ち、いったんヘリにブレイクしてもらった静寂の中、奥穂方面へ向かって大声でコールします。

「おおぉーい！　○○さーん！　おるかぁぁぁぁ！」

すると風音の中にかすかに聞こえる返答がありました。

しかしそれは、なんと奥穂とは反対側である前穂北尾根方向からではありませんか。つまり遭難者はホワイトアウトの前穂山頂から吊尾根をたどるはずが、まるで方向違いの北尾根へと迷い込んでしまっていたのです。そのころにはもう日没時刻も過ぎており、ぼくのいる吊尾根から前穂山頂を越えて北尾根へと向かうのは、時間的にもコンディション的にもとうてい不可能でした。

絶望的な気持ちで上高地・玄文沢ヘリポートの関根さんに無線を入れます。

「遭対長野イチマルニよりニィマルイチ、エーとハチですが、……こらムリっすね。現場は北尾根のようです、ドウゾっ！」

「了解、じゃあすぐにハッちゃんピックアップに向かいます」

やがて近づいてきたヘリの爆音はいったん北尾根方向のガスの中へと消え、しばらくするとぼくのいる地点へとアプローチしてきました。

頭上から押しつぶされそうな雲と夕闇が迫るなか「ラマ」の狭い機内に転がり込むように乗り込み、やれやれとインカムを頭につけたとたん、関根さんの鋭い声が耳に響きました。

「ハッちゃんっ　現場確認！」

ぼく自身は（「残念やけど、助けてあげられなかった……」）との〝終わった感〟の中にいましたので、これには目が点になりました。

「どっ、どこ？　どこですか？」と尋ねると、関根さんはガスのあいだを縫うように北尾根へ接近していきます。すると前穂北尾根三峰フェースのやや右上、ほとんど壁としかみえない岩場の中に必死で手を振る人の姿がありました。

（「うへぇー、あんなトコかよ！」）

声にこそ出しませんでしたが、それがそのときの正直な気持ちです。およそロープも使わずによくぞまぁあんなところへ行けたものだという絶壁の中に、その遭難者はいたのです。そしてそのテラスは人が一人立てるかどうかというほどの広さしかありません。

なんとか目の前の岩壁との距離を計りながら関根さんはヘリを近づけていきます。そうしたときにいつも感じるのは、東邦のパイロットたちは皆さん、ちょっとヤバいくらいにギリギリにヘリを操るということ。

東邦は、たとえば捜索のときなどは狭いルンゼの中をそれこそ地表スレスレに飛びます。捜索サーチにおいては、もしも生存者がいた場合に見過ごしてしまうと当事者のそのショックは計り知れません。気合を入れて、絶対に見落とすことのない近距離から徹底的に捜すというのがトウホウのサーチであったのです。事実、シノさんたちはそれで幾度も奇跡的な救出を成してきていました。それはもうヒトであればもちろん、ちょっとした布切れなどでも見つけてしまうような捜し方で、落ちているタバコの空箱の銘柄までわかったくらいでした。ぼくも幾度かその捜索ヘリに乗りましたが、あまりに地表に接近するため周囲の岩壁にヘリのローターが接触しないかとヒヤヒヤして、ろくに地面を見られないほどでした。

そのときはもう薄暗くなりはじめていた時間帯ですから、ほんの少しでも目測を誤ればおしまいです。でもそんなことはお構いなしに関根さんはどんどん岩壁に近づいていきます。ぼくは例のごとく遭難者よりもヘリのローターばかりが気になっていたのですが、やおら関根さんが、

「ハッちゃん、あそこ!」

と視線を飛ばす方を見やると、遭難者の一、二メートル上部にわずかばかりの岩棚があるにはありました。

関根さんは間髪入れずに「ホイストオッケー?」と問いかけてきます。それは「あの場所にホイスト(救助用ウインチ)で降下できそうか?」という意味なのですが、

そんなもの、そう聞かれて「できません」なんて言えるわけがない。ここでヤラなきゃ、あるいはデキなきゃ、今後ぼくは「ラマ」に乗る資格はないのです。ヤルしかない！

「オッケーっ！」と親指を立てて応えながら、すぐに自分のハーネスとカラビナを確認します。通常「ラマ」でホイストオペレーションを行なうときは乗り降りする側のドアを外してしまいます。山岳レスキュー専用ヘリみたいな「ラマ」ですが、スライド式でないその大きなドアが唯一の弱点でした。しかしこのときはいったんヘリポートに下りてドアを外している猶予などありません。同乗の整備兼ホイストマンの田口君の手を借りて、ドアを少し開けた隙間から「エイやっ！」とばかりに空中に飛び出しました。

正直言って「ラマ」のホイストはしょっちゅうトラブルを起こす問題児で、その信頼性はイマイチでした。なので、それにぶら下がって機外へ飛び出す瞬間というのはいつもムチャクチャ恐ろしい。でもそのときはアドレナリンが出まくりで、そんな恐怖心もありませんでした。

すぐ目の前が壁みたいなところを降下し、なんとかわずかばかりのテラスに足を乗せます。そして素早く近くの岩角にスリングをかけてあやしいながらもセルフビレイをとり、ホイストフックを外そうと頭上のヘリを見上げたときにはほんとうに肝が冷えました。なんとそのホバリングは、ほとんどメインローターと岩壁がくっついて見えるくらいだったのです。

「現場よりニィマルイチっ、エー、一〇分後、一〇分後に願います！」

よくシノさんが発していたセリフをぼくはそのまま口にしていました。いったんヘリにはブレイクしてもらい、穂高岳山荘のヘリポートで「長吊り」のセットをしてきてもらうのです。その間に要救助者の収容準備をしなければなりません。

ぼくの立つ岩は要救助者のいるテラスから二メートルほど斜め上に離れていました。しかしそのわずかな距離がどうにも動けないのです。ロープを使うための確実な支点を作っている時間はありません。さらには収容用の「赤モッコ」を広げるようなスペースもなく、いったいどうやって収容しようかとちょっと逡巡しました。

ともかく要救助者にスリングを投げ与えながら「オイっ名前は？」と呼びかけます。

「あっ、あの、すみません。道、間違えたみたいで……」と状況を説明しようとする彼の言葉を遮るように「話はあとっ！　名前！」と再び尋ねます。その名前を聞くや否や「ほんなら〇〇！　そのスリング、体に巻け！」と、どう見てもぼくより年上であろうその人を呼び捨てにして指示を出します（そのときは、相手がたとえ総理大臣であったとしても呼び捨てにしたと思うのですけれど）。

そして彼の体に巻いたスリングと自分をロープでつなぎ、自分の足元から赤モッコを縄ばしごのように垂らしてそれを登らせることにしました。赤モッコにすがった彼が、もしもバランスを崩して全体重をかけてくれば、それに耐えることができずにぼくも一緒に岩壁から吹っ飛ぶことになるかもしれません。でもそのときはそれ以外の手だてを思いつかなかったのです。

ザックを背負おうとする彼に「そんなモン、エエからっ！　置いてけっ！　オマエだけっ！　カラダひとつで来い！」と、もはや「オマエ」呼ばわりで告げると、ちょっとザックに未練がましくもその人はモッコを登りはじめます。「……ゆっくり！　慎重に！」と声をかけながら、その荷重に耐えます。

それはほんの数秒だったのかもしれませんし、数分かかっていたのかもしれません。ともかくまったく時間の感覚がないなか、遠くからヘリの音が近づいてくるのだけは聞こえていました。　ようやく彼がぼくの立つ岩まで這い上がってきて、二人でモッコの中にくるまるように吊り上げ準備を終えたときには、もうヘリは目の前でした。

「現場よりニィマルイチ、準備オッケーですっ！」

これまたシノさんのいつものセリフを慌てて無線機に告げます。

西の空にわずかに残る残照の中、「ラマ」がサーチライトを照らしながらアプローチしてきます。

あとはモッコの〝耳〟と呼ぶ四本の蛇口の輪を束ねて、ヘリからぶら下がるフックに掛ければよいというその瞬間、ふと自分のセルフビレイがモッコにつながっているか確認しました。それはどこかシノさんの事故が頭にあったからにちがいありません。

するとなんと、それはつながってはいるけれど、自分の体からのスリングがモッコの外側に回ってしまっています。つまりそのまま吊り上げテンションがかかると、ぼくはモッコの外へ放り出されてしまう状態なのでした。視界の端にもう長吊りフックが迫るなか、とっさにそのスリングのカラビナを掛け替え、釣り針と呼ぶセンタースリングフックを摑んでモッコの四本の耳を掛けたのとは、ほとんど同時でした。

グワっと体にものすごい力が加わったかと思うと、次の瞬間には二人は空中にありました。まさに間一髪。背中になんともいえない冷や汗が滲みましたが、すぐに「ヤッタぜっ！」との安堵感が体中に広がります。

ヘリにぶら下がった空間のはるか下には、涸沢ヒュッテの〝夜景〟がキレイでした。

(「そういやぁ、前にやっぱし北尾根のレスキューでビバークになって、翌朝ヘリからぶら下がって御来光見たこともあったなぁ」）などと空中を飛びながらボンヤリ思っていたのです。

後日、関根さんとそのレスキューの話をすると、「あのときはマイッタねぇ。なにせ上高地に帰ったら真っ暗で、ヘリポートの地面がよく見えないんだから」なんて言っておりましたが、まぁあれはほんとうに神がかったフライトだったと思います。そして歴戦の関根さんにとっても、もっともしょっぱかった（難しかった）レスキューのベストスリーに入るとか。

そのパートナーとして現場をやれたのは光栄ではありましたが、まあ正直いって自分の技量をはるかに超える状況であったとは思います。でもそれがレスキューの恐ろしいところで、各々の力量に合わせて遭難現場を選ぶということができないのが山岳救助です。いつの間にか、その最前線に立つようになっていたぼくは、（「いずれ自分たちではとうてい太刀打ちできない現場や出来事に遭遇するのではないか」）との不安も心の片隅に抱えていました。

そして、シノさんをはじめとする先人たちが、この穂高を守りつづけてきたことの偉大さとすごさをあらためて思い知っていったのです。

さてこのレスキューには後日談があって、要救助者から「オレのあのザックをどうしてくれるんだ！　回収してこい！」というクレームがあったというのです。

そりゃあまぁ、高価な登山用品がいっぱい詰まったザックを捨てさせたのはぼくですから、多少の後ろめたさはなくはなかったけれど、（「命が助かってんからエエやんか」）というのが本音ではありました。それに、案の定あれから吹雪となり、きっともう現場付近は雪に埋まってしまっていますし、あんなところに回収に行けるわけもありません。場所や状況を尋ねてくる豊科警察署の署員に「うーん、どうやったかなぁ……。なんかハナから空身でおったような気もしますけど、ちょっと記憶にないなぁ」などと、なんだか出来の悪い政治家みたいにすっとぼけたのでありました。

一般に山の遭難では「○○で遭難した○名パーティーが○月○日に無事救助された」という結果しか報道されず、それがどれほど過酷かつ危険な救助であったかということはまったくといっていいほど報じられません。でもそれはある意味、仕方のないことです。状況を詳しく知る山岳関係者ですら、その遭難救助の本当のところはわからないものなのですから。

もっと言うと、救助された遭難者自身でさえ、助け出されたその状況がどれほどギリギリのものであったのかを理解していないのがほとんどです。それは遭難現場に行って実際に救助活動を行なう側だけが知るヤバさであり、極限状況であるのです。

あの遭難者とは救助後にお会いする機会はなかったのですが、もしも言葉を交わせたならばこう伝えたかったです。

「あなたがあそこでザックを捨ててくれなければ、あなたの命は(そして、もしかしたらぼくの命も)いまごろなかったかもしれませんよ」と。

## エアレスキューのパイオニア東邦航空

現在の山岳遭難救助において、ヘリコプターによるエアレスキューはなくてはならないものですが、その歴史はそう古いものではありません。

昭和三〇年代初頭に涸沢に自衛隊のヘリコプターがレスキューフライトした記録があるそうですが、当時はまだ山岳地という高高度でのヘリ運用はかなり特殊なケースであったようです。山岳地の急峻な地形と複雑な気流は、ヘリにとっては過酷な場所です。そしてなにより、ローター（回転翼）で揚力を得て空を飛ぶヘリコプターにとって〝空気が薄い〟というのは大きな障害となります。標高三〇〇〇メートルでは空気の密度は約三分の二。たとえば一〇キロの出力の発動発電機は七キロほどしかパワーが出せません。空気を必要とする機器はすべからく三割減のパワーしか出せないのです。当然ヘリの性能も大きく損なわれます。なので、山の世界でヘリコプターが有効に使えるとは当時はあまり考えられていなかったのです。

ところが、それを覆したのが昭和三八（一九六三）年の薬師岳における愛知大山岳部の大量遭難事故でした。後に「サンパチ豪雪」と呼ばれる大雪に、正月に薬師岳を目指した学生一三人が消息を絶ちました。この山岳史に残る大量遭難で報道が加熱するなか、その安否の焦点は太郎小屋（現、太郎平小屋）となります。もしも一三人が小屋に避難していれば生存、しかしそこにいなければ絶望とされ、地上からの救助隊が幾日もかけて深い雪をかきわけ太郎小屋を目指しました。その最中に大型ヘリをチャーターした朝日新聞の本多勝一記者が直接小屋へと強行着陸し、「来た、見た、いなかった――太郎小屋に人影なし」のスクープを放った一件が一躍ヘリコプターの山岳フライトを注目させたのです。

そしてその翌年には有名な富士山頂レーダードームの設置がヘリによって行なわれています。また同年には穂高岳山荘をはじめとする各山小屋でもヘリによる物資輸送が開始されました。つまりこの年から山の世界にもヘリコプターの機動力がもたらされはじめたのです。

しかしながら昭和四〇年代の山小屋ではヘリ物輸はせいぜい年に数回で、それも少しでも天候に不安があればなかなか実施されず、まだまだ山の物資補給の主役とはいえない状態でした。ですから当時は山の日常物資はもっぱら人力による歩荷で上げるのが当たり前。ヘリ輸送はあくまで特殊であって、山小屋とヘリ会社との関係もそう親密なものでもなかったのです。

その山岳ヘリ物輸を劇的に変化させたのが篠原秋彦その人です。シノさんの東邦航空入社は昭和四七（一九七二）年。それまでは大手ヘリ会社の下請け仕事に甘んじていた東邦航空でしたが、シノさん持ち前の行動力と人間力で数年後には北アルプスの主要山小屋との契約を取り付けるに至ります。

シノさんとトウホウの仕事ぶりは、それまでのヘリ会社とは異次元のものでした。誰が言ったのか「ガスや風はあまり気にしない東邦航空」というキャッチフレーズ（？）に表されるように、ともかく飛びまくり、荷を揚げまくったそうです。

でもいくらシノさんが仕事に情熱を傾けても、実際に空を飛ぶパイロットたちやサポートしてくれる整備士たちがそれを意気に感じなければ事は進みません。もちろんシノさんの情熱が周囲のクルーを突き動かしたことは否めないと思いますが、まだまだ右肩上がりの経済成長をしていた昭和の時代、きっと当時の東邦航空にはこれから伸びていこうとする組織特有の、進取の心意気が大いにあったのではないでしょうか。

そうして山の物資輸送を嵐のような仕事ぶりでこなしていたシノさんは、やがてヘリの現場クルーや周囲の山小屋の厚い信頼を得るところとなります。その過程の中で、自身が生粋の山男でもあったシノさんは、やがてヘリを使った山岳レスキューにも挑みはじめたのです。

しかし当時はその方法も体制も確立されてはおらず、幾度も遭難現場を前に悔しい思いをしたとか。たとえば一九七四年の山口孝さんたちが出動した前穂北尾根での遭難では、苦労の末に遭難者を降ろしてきた奥又白の池からであっても、当時のヘリ救助技術では収容ができず、泣く泣く引き返さざるを得なかったそうです（現在であれば何の問題もなくヘリ救助できる場所です）。

しかしはじめはとても登れなかったクライミング課題もやがては軽々としたムーブでこなせるようになるように、ヘリレスキューもその対象に情熱を持って取り組めば、やがては飛躍的なパフォーマンスとなって現れるものです。

それが日本のヘリ救助においていまや伝説ともなった「長吊り（センタースリング）」という救助方法です。この「長吊り」とは、ヘリのメインローター真下の荷物吊り下げ用フックからワイヤーを垂らし、そこに救助隊員はもとより遭難者をも直接吊ってしまうという、一見するとアクロバティックな救助方法です。

自衛隊や海上保安庁などによる大型ヘリでの救助では、ホバリング（空中停止）した機体からホイストと呼ばれるウインチ装置を使って行ないます。この方法では機内に要救助者を収容することはできるものの、ホイストフックを上げ下げする時間がかかりますし、一度に吊り上げることのできる人員もせいぜい二人までです。それが

「長吊り」ならモッコを使えば一度に五人はいけましたし、何より現場からの救出が圧倒的に短時間で済みました。レスキュー現場などというものはいつ落石が飛んでくるかわからないような悪場が常です。天候もいつ急変してしまうかわかりません。したがって、リスクを軽減するのに〝現場にいる時間を短くする〟というのはとても重要なことなのです。

加えて「長吊り」はヘリのメインフックというもっともパワーのある所で吊り下げるのですから、見た目の危うさとは裏腹に実際にはとても安定感のあるものでした。腕を伸ばした先と体の中心のヘソあたりでは、どちらがより力が入るのかという話です。現にヨーロッパアルプスの大岩壁での救助にはもっぱらこの方法が用いられていて、シノさんはそれを知ってか知らずか、ともかく日本の遭難現場でもこの「長吊り」を行なうようになったのです。

ところがこれは日本の航空法では正式には認められていなかったようです。というより、そもそもそんなトンデモナイコトは想定もされておらず、「ヘリのメインフックに人をブラ下げてはいけません」などという航空法上の決まりなどなかったのかもしれません。

ともかく「長吊り」は人命救助という非常事態に行なう〝超法規的処置〟として黙

認されているという状態でありました。でも現場ではオマワリサンも一緒にぶら下がって救助をしていたのですから、まぁ「アリ」だったのでしょう。ただし、いたずらに当局を刺激しないように、物珍しさから周囲の登山者がその光景にカメラを向けると「撮るなぁ！　撮るなぁ！」とよく怒鳴っていました。いまならアッという間にネットやユーチューブに載ってしまう格好のネタでしょうけれど、当時はまぁそれで済んでいたのですから牧歌的な時代ではありました。

そうして「長吊り」を武器に数々の難救助を成し遂げていた東邦航空は一九九三年には救助用ホイストの運用も認められ、これによって国内では唯一の合法的な山岳救助ができる民間ヘリ会社となりました。

いまから思うと、あの「長吊り（センタースリング）」レスキューというのは、まったく奇跡のような山岳救助方法でした。それはシノさん、凄腕のパイロット、そして「ラマ」という、希有な要素が揃わなければ実現不可能なものであったのです。

そのヘリパイロットたちについてちょっと述べます。

ヘリコプターの運用は、それが「ヒト」を運ぶのか「モノ」を運ぶのかということで大きく異なります。人員であればそれはヘリに機内搭乗となりますが、物資となると吊り下げて運ぶほうが機動力ははるかに勝ります。しかしヘリポートに離発着するフライトではなく、物を吊って運ぶというのはヘリパイロットにとっては通常飛行とは異なる特別な技術が求められるのです。

この物資輸送パイロット（略称「物パイ」）と呼ばれる、物を吊って飛ぶパイロットとなるためにはそのための訓練が相当時間必要ですし、誰でもが「物パイ」として飛べるようになれるわけでもありません。しかもそれを北アルプスの山岳地で行なうとなると生半可なことではないのです。レスキュー現場で要救助者から見ればどの隊員もベテランに見えてしまうように、われわれからするとパイロットというと特殊技能を持った特別な存在であると捉えがちですが、じつはその力量には非常な差があります。

長年山小屋でそうした「物パイ」と接していると、中には「このヘタクソ！」と怒鳴りたくなるようなのもいましたし、厳しい条件の中で緊急物資を持ってきてくれたときにはそのパイロットが神様みたいに思えたこともありました。

そして総じて東邦航空のパイロットたちのレベルは非常に高いものでした。当時はヘリによる農薬散布が盛んに行なわれていて、その作業を通して腕を磨いたキラ星のような凄腕パイロットたちの武勇伝をぼくはたびたび耳にしたものです。曰く、あるレスキューフライトではローターと岩壁との距離が一メートルもなかったとか、真っ白なガスの中を登山道を目印に斜面を這うように飛んだとか、ヘリの出力限界を知らせるレッドゾーン警報が鳴っているのに「まぁ三秒まではダイジョウブだから」とか言って飛んでいたとか——。

そんな猛者たちの中でも、ぼくが山へ入ったころにその名が知れ渡っていたパイロットの代表格といえば関根理さんでしょうか。

関根さんはシノさんとほぼ同年ということもあってお二人がコンビを組むことも多く、数多の絶望的なレスキューで卓越した力量を示されたパイロットです。もちろん普段の物輸での飛び方もスゴくて、なんというかそれは3Dでありました。遊園地のアトラクションなぞ目ではないアリエナイ動きで、まるでヘリが自分の意思をもった生き物のような動きをしていたものです。

そんな関根さんをはじめとする東邦航空のパイロットたちは、日ごろの物輸フライトでしのぎを削り、互いのプライドをかけて競うように腕を磨いていたのですから、こと山岳飛行にかけては彼らほど高いレベルのパイロット集団はいなかったと思います。(余談になりますが、東邦航空は現社長を含めてパイロット出身の社長さんが二代続いています。現場で力量を発揮した方がきちんと重用された証しではないかと。)

そんな凄腕パイロットに加えて、「長吊り」レスキューを可能にしたもうひとつの重要な要素、それは「ラマ」というヘリコプターでした。

正式名称アエロスパシアルSA315B「Lama」。

この機種は一九七二年に一万二四四〇メートルに到達というヘリコプターによる絶対高度記録を樹立し、その記録は初フライトから半世紀近くが経った現在でさえいまだ破られてはいません。ヘリの原型のようなトラス構造の尾翼は横風に強く、またコンパクトな機体に高出力のエンジンを搭載した「ラマ」は、まさにアルプスの空を飛ぶために生まれてきたような機体でした。

実際にパイロットの方に聞いたところでは、たとえば普通のヘリが乗用車であるとすると、「ラマ」はレーシングカーに例えられるくらいだそうで、その操縦性能は非常にセンシティブ、つまり操縦桿の遊びがほとんどなく、わずかな操縦桿の動きがダイレクトに機体挙動となって現れるそうです。なるほど、そうでなければあんな岩壁スレスレに、あるいは強弱を繰り返す烈風の中でギリギリの神業のようなヘリオペレーションなんてできるわけがありません。

この「ラマ」という山の申し子のようなヘリのおかげで、いったいわれわれ救助関係者はどれほど救われたことか。ガスの中で瀕死の遭難者を抱えた絶望的な思いの中

エアレスキューの主役として大活躍したアエロスパシアル SA315B「Lama」

で、あの独特の甲高いエンジン音が聞こえてくるとほんとうに胸が熱くなったものです。

つまり「長吊り」に象徴されるあの時代の卓越した東邦航空の山岳救助は、レスキューの総合プロデューサーであった篠原秋彦、山を飛ぶプロフェッショナル集団たる東邦航空、山岳専用ヘリともいえる「ラマ」という三つの大きな要素があってはじめて成り立っていたといえます。

加えて当時は警察や消防といった官にはまだ山岳フライトに使えるようなヘリが導入されておらず、いきおい山の救助となると東邦航空の出番となり、現場を重ねれば重ねるほどそのスキルと経験値は上がっていくという好循環。また周囲の山小屋をはじめとする関係者も、自分たちの目の前の事情はともかくとして、熱い情熱でレスキューに飛び回るシノさんを信頼し、皆があたたかい目で理解を示していたということもあったと思います。

山の世界に身を置いていると、時として自然の猛威というものをイヤというほど思い知らされることがあります。自然の圧倒的な力の前では、ちっぽけな人間などただただ震えて立ち尽くすしかないのです。ところがその絶望的な状況の中で、時として消えゆこうとする命の灯を「トウホウ」は幾度も救ってみせたのです。われわれ山岳関係者が彼らに喝采を送ったのも当然でした。

あの当時、シノさんが乗り込みセキネさんが操縦する「ラマ」からは、ある種のオーラが漂っていたように思います。それは数多くの修羅場をくぐり抜けてきた者だけが放つものであり、皆が頼りにする「山の救世主」たる、なんとも風格に満ちた姿であったのです。

## 遭難と救助をめぐる現状

一九九五年の阪神・淡路大震災は、世に「防災」というキーワードを植えつけました。その時代背景の中でヘリコプターによる人命救助もクローズアップされるようになり、各県警航空隊や防災航空隊などの行政ヘリの充実が図られていくことになります。

そしてこの行政組織のヘリ配備は、北アルプスの山岳遭難救助にも変化をもたらしました。つまりそれまでは「山岳エアレスキュー」というとほぼ民間である東邦航空の独擅場であったのが、そこに警察や防災の行政ヘリの活躍も始まったのです。

篠原秋彦さんの事故の年の二〇〇二年に長野県警航空隊がAS365N3「やまびこ」というヘリコプターの運用を始めたことは、そんな時代の流れの象徴的な出来事でした。この新型「やまびこ」は「ラマ」には及ばないまでも高高度での性能に優れ、それまで山岳フライトに適した機体を持たなかった長野県警にはじめて「山で使えるヘリ」として登場したのです。

また岐阜県警においてもその数年前にやはりベル412EP「若鮎II号」という高性

能なヘリが運用開始されており、そのころにはもう岐阜ではヘリ救助を民間へ依頼するということがほとんどなくなっていました。（残念ながら二〇〇九年にこの「若鮎Ⅱ号」は、岐阜防災航空隊による救助活動中に「ロバの耳」にて墜落。隊員三名が殉職するという痛ましい事故が起きています。）

公的機関が運用するそれら行政ヘリと一民間会社である東邦航空とでは、レスキューオペレーションにおける資金も人員も組織力もかなりの差があったことは事実です。それでもなお、こと穂高周辺をはじめとする厳しい山岳遭難現場においてはトウホウが圧倒的なアドバンテージを保っていたと思います。それはそれまでの経験と実績によるのはもちろんですが、なんといってもトウホウには彼らにしか成し得ない救助方法「長吊り（センタースリング）」があったからです。

通常、警察や防災あるいは自衛隊でも、レスキュー活動となると「ホイスト」と呼ばれる救助用巻き上げウインチを用います。この方法は機内に要救助者を収容できるというメリットはあるものの、隊員が降下して収容できるのは基本的には要救助者一名のみです。そしてヘリがホバリングしている時間が長く、また相手が多人数の場合、何回もホイストを上げ下げしなければならないために時間がかかります。

ぼくは東日本大震災や茨城の河川氾濫災害の際に、建物に取り残された人々をヘリコプターが懸命に救助する映像を見て、「あぁ、もしもあれをラマを使った長吊りでやれば、短時間にもっともっと救えるのに！」と地団駄を踏んだことがあります。実際、東日本大震災の折などは、もう居ても立ってもいられずに東邦航空松本営業所の小松一喜所長に電話して「小松サンっ、オレにラマ貸してくれ！　長吊りであの人たちを救おう！」と言ったのですが、小松さんに「バカ言ってんじゃねーよ！　そのラマが仙台空港で流されたんだヨっ！」と言い返されたことがありました。

ではなぜ行政ヘリも「長吊り」救助を行なわないのかというと、「やらない」のではなくて「できない」のです。警察、消防、あるいは自衛隊の行政ヘリでは、そもそも「長吊り」救助という選択肢がないのです。

理由として、使用するヘリコプターの機種が乗用車とトラックほども異なり、用途がまったく別ということもあるでしょうし、航空法上の問題もあるのかもしれません。しかし決定的なのは、「長吊り」というのは普段からヘリのメインフックを使った物資輸送をやるパイロット（「物パイ」）でなければ、おいそれとやれないということだと思います。あれは普段から「ラマ」で物資の荷揚げで山を飛びまくっていた東邦航空であったからこそ成し得たワザであったのです。

なのでわれわれ現場の隊員は「ヤッパここ一番はラマやろ！」とか、「オレたち

東邦航空のヘリコプター、ラマによる「長吊り」を使った救助方法で、これまでに多くの命が救われた

にゃあ、最後の切り札の長吊りがある！」とか意気軒昂でありました。とはいっても、われわれ民間の救助隊員と各県警救助隊とが現場でいがみ合っていたとか敵対視していたということはまったくありません。むしろ現場では両者が協力し合い、また互いを頼れる存在としてリスペクトしたなかで日々の遭難救助はなされていました。

少なくともぼくは、遭難現場ではその人の所属や肩書きなどはまったく関係ないと考えています。必要とされるのは、その現場で「使える」人間であるかどうかだけです。現場を共にした者たちは、それが官であれ民であれ、みんな同志であったのです（あるとき下界で、救助現場を幾度か共にした旧知の県警警備隊員にスピード違反で車を止められたときは、お互いかなりバツが悪かったですけれど)。

ですから救助方法が「長吊り」であれ「ホイスト」であれ、またヘリがトウホウであれ県警であれ、現場では常に最善と思われる方法で事に当たっていました。そこに軋轢や競争などは存在しません。それは長野、岐阜、富山の各県警においてもいえます。それぞれが自分たちなりの自負とプライドを持っています。でもそれを比べて「県境稜線から落ちるなら○○県側へ」などというのはアホなことです。それぞれが抱える山域の特性が違えば、所有するヘリの性能も異なるのですから、比べることそのものがナンセンスです。フェラーリとポルシェとベンツではどれがいちばんか?といってみても、それぞれの得意分野が異なるのですから比較にならないのと同じことでしょう。

ただまれに、少々の勘違いというか、エエかっこばっかしで「アンタら、ほんまにレスキューやれんのか?」と首をかしげてしまったチームもあるにはありました。

夏の終わりごろの、吊尾根の紀美子平近くでの滑落事故の折でした。息せき切って駆けつけたぼくたちは、足を骨折した遭難者をなんとかロープ二ピッチほど引き上げて、ようやく縦走路まで這い上がったのです。そこへ飛来したのは、それまで見たことのないカラーリングの某○○航空のヘリでした。おそらく長野県の県警ヘリも防災ヘリも何かの都合で飛べずに、その応援要請に応えてくれたのでしょう。でもそのヘリはあまり山のフライトには慣れていないようで、ホバリングもイマイチ安定感がありません。山特有の気流のある、しかも高高度での操縦はとても難しいのです。

やがて、それでもなんとかぼくたちのいる現場へと降下してきたそのある隊員は、およそ山では使えないような装備に身を固め、何に使うのかわからんインカムやカメラなどを勇ましそうにヘルメットにつけておりました。そしてわれわれにろくなあいさつすらなしに、いきなり遭難者を抱えるぼくを押しのけるようにして言ったのが「ヨクガンバッタ！」でした。

この「よく頑張った！」はシノさんがよく口にしていたし、漫画「岳」でも三歩の決めセリフになっていたものです。それは救助する者が、ギリギリの状況の中で生きていてくれた遭難者に対して思わず口にしてしまう類いのものであって、まるで要救助者を横ドリするみたいに言うべき言葉ではありません。で、そのときはちょっとムッとして、思わず「オマエが（もっと）ガンバレよ」とツッコミを入れてしまいました。まぁそんなカッコばっかしつけとるようなのは例外中の例外ですけれど。

ともかく、そうした異なる組織ではあっても、現場で遭難者を救いたいという思いは皆きっと同じであるし、それぞれが自分たちにプライドも持っていることも同じです。そしてそこには、遭難者を救おうという〝志〟を同じくする仲間同志の絆が間違いなく存在します。

ちょっと余談にはなりますが、行政ヘリと民間ヘリにはもうひとつ大きな違いがあります。その救助フライトにかかる費用を誰が負担するのかということです。

よく「県警ヘリはお金がかからない」などとの言い方を耳にしますが、およそこの世の中にタダで空を飛べるヘリは存在しません。どんなカタチであれ、誰かが（あるいは何らかの組織なり団体が）その費用を負担しているのです。「ラマ」の場合であれば、状況による他の経費などは除外して一時間あたり五〇万円というのがおおよその使用料金です。同じ基準でいうと、岐阜県警の使う「ベル412」は八〇万円というところでしょうか。

民間ヘリの場合は、その費用はすべて遭難者自身に請求がいきます。そこで、民間ヘリを使用する場合は事前に「〇〇くらいの料金がかかりますよ」という了承を得ることが必要でした。

一方、県警ヘリ（防災ヘリも）は、それを飛ばすのは行政機関です。つまり救急車や消防車と同じ扱いで、当事者に料金請求がされることはありません。その費用は税金で負担されます。遭難の発生場所によって、それが長野県であれば長野県民の県費、岐阜県であれば岐阜県民の県費によってその救助費用は賄われているのです。そのため「県警ヘリならタダだ」というようなバカなことが言われるようになりもしましたが、繰り返しますがタダで飛べるヘリなどはないのです。

しかし当事者に料金請求がなされないことによって、あまりにも安易な救助要請が増えてきたことは間違いありません。なかには県警ヘリなら料金がかからないことを知ってか、タクシー代わりの悪質なヘリ要請すら出現してしまう始末で、これは昨今大きな問題になっています。

救急車でも、そのあまりに自分勝手で安易な利用の増加に「人の命を救う」という本来の目的が阻害されかねず、その有料化が検討されているといいます。ましてや山岳遭難というのはふつうの市民生活とは意味が異なり、当事者の了承のうえでなされる行為で起こることです。その人自らが望んでその場へ足を運んだ結果のアクシデントであるのですから、それに対して「公的支援」というのはどうなんだ?とちょっと首をひねってしまいます。個人的には山岳遭難救助にかかる費用というものは、すべからく「受益者負担」つまり遭難者本人（あるいはその家族）が全額を負担すべきものであろうと思います。実際そう考える人の声は多く、岐阜県では県議会で「県警ヘリによる救助の有料化」が議題となったこともありました。でも現状では警察が当事者から金銭を受け取るというのは難しいとの理由で有料化は見送られてきています。

いまや、山で人の命を救うためにヘリは欠かせません。誰も好きこのんで遭難を引き起こすわけでもなく、そうしたアクシデントに対して最良の手段を講じるのは当然です。ただしその費用に関しては、そのための山岳保険も存在するのですから当事者負担が当たり前であろうと。

ひとりひとりが個人の楽しみとして山に来ているわけで、その代償として危険を受容するのは山の基本的なルールです。その結果として不幸にもヘリのお世話になってしまったのなら、責任の取り方としてその対価を支払うというのは至極真っ当であろうと思います。

救助費用に関する話としてもうひとつ。行政と民間とで、その費用のあり方が違うのはじつはヘリだけではありません。現場に駆けつける救助隊員にも官と民の違いがあるのです。警察の救助隊隊員に対しては当事者への費用請求はありませんが、われわれ民間の救助隊員の出動にあたっては「出動費」という名目の救助費用の請求があります。隊員一人あたり一日二〜四万円ほどです。ヘリに比べれば安いともいえますが、だいたい現場には数人の隊員が出動しますので、かなりの金額になることも少なくありません。

でも当たり前の話として、遭難救助を行なう場合に事前にそのコストを考えることなどあり得ません。その費用というのは結果として生じるものです。だから当然その当事者が面倒をみるべきものなのに、なんと近ごろではその支払いを拒否する輩が出現してきています。そこで民間隊員は現場へ駆けつけたなら、まずはその当事者にカクカクシカジカで費用が発生する旨の了承を取りつけろ、というお達しが遭対協からありました。そんな一刻を争う現場で、瀕死の当事者に確認もクソもないだろうと思いもしますが、ほんの一部の心ない人のために、救助全体が影響を受けてしまうというのはなんともやるせないことです。

話をヘリレスキューの変遷に戻します。

各県警など行政ヘリの充実が進んでいくなかにあっても、トウホウの「長吊り」救助というのはわれわれにとってはここ一番の〝伝家の宝刀〟として存在していました。事実、屏風岩や北尾根などの岩壁で「長吊り」だからこその奇跡的な救助をいくつも成功させていたのです。

ところが二〇〇七年、ある痛恨の出来事により、その「長吊り」救助は終焉の時を迎えてしまいました。

篠原秋彦亡き後にトウホウのレスキューを支えていた第一人者は、あの凄腕パイロットの関根さんでした。ともすればエアレスキューのリスクに眉をひそめ、手を引こうとする会社側を、関根さんは現場で自らが率先してレスキューフライトすることで抑えてくれていたのです。

それが、忘れようにも忘れられないあの年の六月四日、関根さんの操縦する「ニィロク」――あの数えきれない現場をくぐり抜けてきた伝説の名機である機体番号「9826」の「ラマ」が、こともあろうに穂高岳山荘での物資輸送中に墜落事故を起こしてしまったのです。

ぼくはそのとき、機体の真下にいました。回収用の荷物をヘリのメインフックに掛けたその瞬間、ヘリがもっとも不安定かつ逃げ場のなくなるそのタイミングで、背後からの強烈な突風に煽られた「ラマ」はバランスを失って墜落したのです。それは、クライミングで核心のムーブをおこしているまさにそのときに落石をくらったようなものでした。最悪のタイミングで最悪のことが起こってしまったのです。

信じられない光景に呆然としていたぼくは、ハッとわれに返り、大破して真っ逆さまになってしまった「ラマ」のコックピットから関根さんを引きずり出しました。大量に漏れているジェット燃料をシャワーのように浴びながらだったので、もしもなにかの拍子に引火していたらと思うとあとでゾッとしましたが、あのときは夢中でした。

墜ちた場所の大半が雪であったことが幸いしたのか、奇跡的に関根さんは命を取り留めてくれました。でも、まさかぼく自身が関根さんをレスキューすることになろうとは、なんとも皮肉で残酷なこともあったものです。

篠原秋彦氏の死から五年、あの関根さんが、あの「ニィロク」が、ぼくの目の前で墜落するという事故。事故とは予期できないからこそ起こるし、どうにも避け得ないから起きてしまう。そんな当たり前すぎることを、ぼくはほんとうに痛いほどに思い知らされました。

そしてこの事故により、東邦航空は山のレスキューから事実上の撤退となってしまいます。まさかあの「トウホウ」が山の救助の現場から姿を消してしまうなんて、そんなことがあるとはまったく考えてもいませんでした。それは、幾多の命を救ったあの「長吊り」が、もうわれわれの手から失われてしまったことを意味していました。

そしてそれは、間違いなくひとつの時代の終焉を告げる出来事でありました。

## ザイテングラート　〈ブログ「ぼちぼちいこか」より転載〉

今年（編注・二〇一六年）、七〜八月の山岳遭難が六六〇件・七五三人に上ったと警察庁が発表しました。統計の残る一九六八年以降で最多であるそうです。そして穂高では九月に入って立て続けに、もう三名もの方が亡くなられています。しかもその事故はすべて涸沢から奥穂へのメインルートであるザイテングラートでの、下りでの滑落によるものでした。

最初に起きた九月二日の事故現場は、ぼくが個人的に通称「ハイマツコーナー」と呼んでいる、数年前まで死亡事故の絶えなかった場所です。一見すると何でもない場所なのですが、ちょうど九〇度方向を変え、ブッシュに覆われた片側はスッパリと切れ落ちていて「どうってことはないけれど、落ちたら致命的」という地形です。ほかの場所と比べて特別難しいとも思えないその場所で、なぜか毎年命を失う方が後を絶たず、救助関係者も首をひねるばかりでした。そこで「こりゃあ、なんとかせなあかんやろ!?」ということで、三年前に岩場の上に石を組んで歩きやすくし、またクサリも設置したのです。そこを通過するのにクサリが必要であるとは本当は思えなかったのですが、その場所が「危険箇所である」ということを示す意味であえて設置に踏み切りました。

ぼく個人としては、いま以上に穂高にクサリやハシゴを増やすのは反対ですし、むしろすべて撤去してしまうほうがいいのではないかくらいに思っています。でもそうした個人の思いと、現実に自分が成すべき仕事とは別です。そして幸いなことに、その処置工事以降、その「ハイマツコーナー」での事故はピタリとなくなったのです。なので内心ぼくは（「これぞ小屋番の、プロフェッショナルの仕事っちゅうもんやゾ！」）とひとり悦に入っていたのです。

ところが今回、とうとうその場所で事故が起きてしまいました。ほかの場所ならともかく、もうあの「ハイマツコーナー」では落ちようにも落ちられんやろう、くらい思っていたので……なんというか、猛烈にショックです。

そして二件目の九月六日の事故では、お亡くなりになった方の収容作業にあたりました。雨の中を息せき切って駆けつけた先に、すでに亡骸となってしまっている方を見つけたときの虚脱感は、いつもながらやりきれません。

穂高に長く身をおいていると、死はうそのように身近にあるし、それが突然訪れることも、どんなにあっさり訪れるのかも知るようになってしまいます。いくら遭難現場の経験を積み、事故発生や救助作業そのものに慣れることはあっても、死そのものに慣れるということはありません。死はいつだって悲しいし、無力感に満ち、言葉も湧いてこないものです。ただただ、お亡くなりになった方へ心の中で掌を合わせながら、濡れたカッパを引きずるように重い足取りで仲間たちと小屋へと戻りました。

三件目の、きのう収容された方は状況から判断するに事故後数日が経過していた模様です。おそらく九月七日に涸沢から奥穂ピストンの帰りにあずき沢へ滑落したものと思われます。やりきれないことに、この方の死因は外傷ではなく低体温症とのこと。つまり滑落後しばらくは生存していたようなのです。ところがあの日は台風が接近中だったため登山者の姿は極端に少なく、事故の目撃者はありませんでした。もしもその方が単独ではなく、また何らかのSOSの手立てがあったならと悔やまれます。

わずか一週間たらずのあいだにいったいなぜ？　そう思わずにはいられません。たしかにこれまでも、ある特定の場所で事故が連続したことはあります。我々山の人間は、そうしたことを「だれかが呼ぶ」とか「あの場所は呼ばれてる」とかオカルトめいたことを口にすることはあります。実際に何件も事故のあったところの下の雪渓にオロク（遺体）があったなんてこともあるにはありました。

でも、今回は同じザイテングラートとはいえ事故が起きた場所はさまざまです。共通しているのは、いずれもが下山中であったということと、高齢者（お一人はぼくと同じ五〇代ですからこう記すにはちょっと抵抗ありますけれど）であったということ。

あえてひとつ外的要因を考えるとするなら、今年の残雪の少なさと多雨傾向を挙げられるかもしれません。早い時期に雪が消えてしまったことによって、登山道が雨にさらされる時間が今年は長く、したがって脆くなっている場所が多い、ということです。でも実際の感じとしては、ひと夏を越した現在では例年と比べて状況がそう特別であるとは思えません。やはり遭難がこれだけ多いということの原因は、山ではなくて人間の側にあると考えるのが正しいのでしょう。

先週も今週も、週末になると好天に恵まれているためか、きょうも小屋は登山者でにぎわっています。どうかあした、みなさんが踏み出すその一歩に、お一人お一人がご自分の命をかけた注意を注いでいただきたいと思うのです。

二〇一六年九月十日

# 告

奥穂高岳山頂を踏んで、これから下山される方々へ！

まだ奥穂登山は終わっていません。
ここから先、ザイテングラートの下りこそが
奥穂登山の核心です。
無事に下山してこその山頂です。

そこで、ひとつお願いがあります。
まずこの場で、あなたの大切な人の顔を
想い浮べてみてください。

そしてここから先の下りは、
どうかその一歩に、くれぐれも慎重になってください。
ほんの少し踏み外せば、
この先の下りは重大事故につながります。
ほんの些細なミスで、もう大切なその人に
会えなくなってしまうかもしれないのです。

何とぞ、その素晴らしい思い出を
無事に持ち帰ってくださるようお願いします。

どうかお気をつけて。

登山道補修担当　穂高岳山荘　ハチロー　拝

2017年9月9日　記

# 第3章

# わが師、わが友

## ――その誇りと英知と死

## 穂高の守り手たち

歳をとると時の過ぎるのが早く感じられるといいます。子供が時を長く感じるのは見るもの聞くものの未経験のことが多いからで、人は経験が蓄積されてくると時の流れを早く感じるそうです。そんな「経験の中の日常」を夢中で過ごしていると、時の流れはどんどん加速度を増していくようです。

そしてある日、ふと立ち止まってみると、自分はいつの間にこんなところまで来てしまったのかと気づきます。それは涸沢からザイテングラートの急登中に振り返り、もうこんなに登ったのかと驚くのに似てもいます。

気がついてみればもう、シノさんの事故から一五年、「ニィロク」の事故からでも一〇年近くが過ぎました。いつの間にそんなに時が流れたのかと、なんだかうそみたいな気もしますが、その決して短くはない時間、ぼくは穂高の遭難現場に立ち続けていました。「トウホウ」の撤退という衝撃的な出来事があっても、穂高から遭難がなくなることはありません。「伝家の宝刀」を失ってもわれわれは闘いをやめるわけにはいかなかったのです。

正直言ってこの一〇年、遭難現場へ走るたびに、あるいは遭難者を背負うたびに、「ラマがありゃぁなー」とか「長吊りができりゃぁなー」とか思ったことはありました。でもこれまでの日々で、ぼくたち民間も県警も、現場ではできることを精いっぱいやってきたし、やっています。たしかに「ラマ」があれば「楽に」できたこともあっただろうし、短時間で済ますこともできたかもしれない。でも結局のところレスキューは「やれたかやれなかったか」ということがすべてで、そこに「もしも」や「〜たら、〜れば」は関係ありません。

兵士は戦場でヘリコプターを生への希望として見上げるそうですが、ぼくたちにとってもヘリは人を助けるうえでなくてはならない存在です。

かつてはその多くを民間ヘリが担っていた長野県の山岳救助フライトは、いまではほぼすべてを県警航空隊が行なっています。山岳県たる長野県では救助エリアは北アルプスだけにとどまりません。いまでこそ、ようやく「やまびこ2号」が配備されてヘリは二機態勢になりましたが、当時は一機だけで全県をカバーしていたのですから、その負担は計り知れなかったと思います。そんな彼らの奮闘には心からの賛辞を送り、ほんとうに感謝の念を抱きます。

　また岐阜県警航空隊は、滝谷やジャンダルムといった国内第一級の困難な現場で果敢な救助を成し遂げつづけています。穂高岳山荘には春、夏、秋に岐阜県警山岳警備隊が常駐してくれるため、ぼくは彼らとチームを組むことも少なくありません。小屋から岐阜常駐の隊員と共に息せき切って現場へと駆けつけ、遭難者を抱えて幾度も岐阜県警航空隊のヘリを待ちました。あるときは強風の雪稜で、あるいはガス湧く稜線で、彼らの果敢なレスキューフライトは危うい遭難者を救い続けてくれています。あれだけ厳しい状況下での救助を成功させているその実力は、いまや国内航空隊トップではないかと個人的には思っています。

　こと遭難現場においては、それが長野であれ岐阜であれ、遭難者を救おうとする彼らの熱い想いに違いなどありません。両県の隊員たちと現場を共にしてきたぼくには、それがよくわかります。

　数年前の話です。春の大型連休の最中、冬さながらの強風が吹く中でのレスキューがありました。前日の猛吹雪で、奥穂稜線で行動不能となった三人パーティーがビバークを強いられて救助要請。夜明けとともに岐阜県警山岳警備隊の四人と山荘から二人の六人の隊員で現場へ向かいました。

稜線上で強風にあおられていまにも吹き飛びそうなツェルトに、まだ息のある者を一人発見しました。しかし低体温症でほとんど意識はなく、凍傷も負っているようです。もう一人が近くに半ば埋もれて息絶えているのも見つかりました。しかしあと一人は姿が見えません。ともかくも生存者を救うことが急務でしたが、飛驒側はビッシリの雲海で岐阜の航空隊ヘリはフライトできそうにありませんでした。

なんとか生存者を山荘へ収容しようと、強風の稜線をジリジリと搬送しているときでした。なぜかヘリが飛来してきました。たまたま同じときに奥穂南稜での救助要請を受けていた長野県警ヘリが、向かった南稜付近の現場の気流が悪く救助困難であったためわれわれのサポートへと回ってきてくれたのです。

この強風では収容は厳しいかとも思えたのですが、長野の「やまびこ1号」は果敢にアプローチを試みます。そして見事なホバリングでわれわれの頭上にホイストワイヤーを伸ばしてくれたのです。舞い上がる雪煙の中、吊り上げた遭難者を機内へ引き入れるのを見届けたときには、「よっしゃあぁぁ!」と思わず拳を握りしめました。

あの岐阜・長野の連携プレーがなければ、無事の救助は叶わなかったであろう救出劇でした。

穂高での山岳救助を語るとき、長野・岐阜の両県警とともに欠かせない存在が「涸沢常駐隊」です。

涸沢は、穂高における遭難救助の最前線基地。その涸沢には全国的にもまれな民間による山岳救助隊「涸沢常駐隊」が毎夏組織されます。長野県の遭対協が広く募集して隊員を集めるのですが、もちろん厳しい審査があります。登山経験はもちろん、ロープワークや救助技術、そして長期にわたる共同生活ができる協調性など、山の安全を守る者として高いレベルが求められます。

メンバーとなった者は、涸沢キャンプ場の脇にある「涸沢夏山常駐隊基地」にて七月中旬から八月末までの夏山シーズンを（現在は秋の常駐も行なっています）、一〇人から一五人程度の隊員と寝食を共にしながら任務につきます。またその基地には一部の期間、長野県警山岳救助隊の隊員数人も同時に常駐します。つまり官民一体となって遭難対策に取り組むわけで、そうした前線基地は全国でも珍しいのではないでしょうか。

その常駐隊の生活は、まずは早朝四時起床、基地前での「声かけ」に始まります。その日その日に、思い思いのルートへ向かう登山者へ話しかけ、「きょうは午後に雷がありそうですから注意してください」とか「そのルートは一部まだ雪渓があって、アイゼンが必要ですよ」とかのアドバイスをします。また見た目でアブナそうな人(これはホントに一目で「あぁ、この人は……」とわかるものです)には行き先を尋ね、場合によってはルートを変更するよう指導することもあります。朝食後はだいたい二人一組で各ルートのパトロール。これは西穂や槍ヶ岳、あるいは蝶・常念といった北アルプス南部全域をカバーするもので、泊まりがけとなることも珍しくありません。

現在、この「涸沢常駐隊」の隊長を務めるのは吉田英樹さん。関西出身である吉田さんは山好きが嵩じて長野へ移住してしまったというほどの筋金入りの山ヤです。穂高の岩場開拓などで活躍した山岳会所属の名クライマーで、屏風岩の「宙吊り遭難」においては、岩のルートを熟知した的確な判断で救助を指揮しておられました。その精悍な風貌とたたずまいは、まさしく山の番人。爽やかな笑顔の二枚目なのですが、同じく関西出身のぼくと話すときはコテコテの関西弁になってくださるのがなんとも親しみが湧きます。

そして副隊長を務めるのが加島博文君。通称カッシーは、どこかひょうきんな感じのするムードメーカー。登山道補修や山小屋の修繕、およそ土木、建築一般をすべてこなす何でも屋さんであり、その経験と技術は山岳遭難救助でも皆に一目置かれる頼れる存在です。たとえば二〇一四年には奥穂高岳山頂の「穂高神社嶺宮」安置の工事を彼が請け負い、ぼくもその手伝いをしたのですが、そのときの段取りの良さと一連の仕事をこなす力量には感心しきりでした。およそ山というのは常に応用問題です。事前の想定や準備がそのまま通用することはまれなのですが、そうした臨機応変な対処を彼は長年の遭難救助の現場から身につけたのではないでしょうか。

そのカッシーにあるとき、なんで救助隊員になったの？と尋ねたことがあります。その答えがケッサクでした。

「いやぁー、学生時代に夢中で山やってましてね。でもこのままオレ山やってたら、いつか死ぬな～と思ったんスよ。で、あるとき穂高で遭難救助の現場に出くわしまして、ハタっ！と思ったのが、そっかぁー助ける側になりゃあ死なんゾ！ってことで、それで常駐隊に入ったんですよお」

吉田さんや加島君をはじめとして、常駐隊には歴戦のベテラン隊員、あるいはガイド資格を持つ実力者、そしてレスキューに情熱を燃やす若手がいます。皆、「好きな山での安全を守りたい」との一念で、キツく危険な任務を黙々と行なってくれる山の勇者たちです。ただし、ごく限られた期間だけの仕事でもあるので、長年にわたって常駐を続けていくのは並大抵のことではないはずです。なのに毎年毎年お顔を拝見するベテランの方が大勢おられることには頭が下がります。

日々のパトロールをはじめとする彼らの地道な活動が、いったいどれほど遭難防止に貢献していることでしょう。起きてしまった遭難は記録や統計に残りますが、防いだものは何もカタチには残らず、また評価もされません。遭難した者を救うのは尊いのはもちろんなのですが、そもそも遭難させないことこそがもっとも大切であるし、われわれの願いであるのです。

ぼくは彼らこそが、「山の防人《さきもり》たち」と呼ぶにふさわしい存在であると思っています。


自己責任。山の事故があるたびに耳にする言葉です。

そもそも危険のある山へ、自らが望んで足を運ぶ。そしてその結果として遭難する。そんなもの本人が悪いのであり、助ける必要なぞあるものか。命懸けで救助に向かう者たちの身にもなってみろ。そんな輩に税金でヘリを飛ばすとはけしからん。だいたい山なんぞへ行く者の気が知れない。自己責任だ。いや自業自得だ——。

世間の声は、山で遭難した者に対してとても厳しいものがあります。

ぼくは、自分自身が山へ登りもするし、もっと言えば山に関わって生きてもいるので、遭難に対してそう突き放したことは言えません。何しろ自分だっていつ遭難者となってしまうかもしれないのですから。

経験を重ねることは必ずしも山の危険を減らすことにはなりません。むしろ山で次々と困難な場面に遭遇すれば、当たり前のことですがそのぶんリスクは増すのです。たとえば生涯にただの一度しかザイテングラートを歩かない人と、年に数十回はそこを歩くぼくのような者とでは、ザイテンで事故を起こす確率ははるかに後者のほうが高いといえます。ベテランであることは山での安全を担保することにはなりません。そこに山の落とし穴があります。

でも、救助する側の立場からちょっと言わせていただくならば、「命懸けで救助に向かう者たちの身にもなってみろ」という声に対してはいささか首をかしげます。まず「命懸け」という言葉ですが、それはものの表現上あるいは修飾としてぼく自身も使う言葉ですけれど、救助する側がいつも「命を懸けて」事に挑むわけではありません。われわれはプロフェッショナルです。いちいち救助のたびに命を賭していてはたまったものではありません。そこに存在する危険を重々承知のうえで、それを冷静に考慮して事に当たっています。しかしそれでも相手が山というものである以上、結果として命の危険に晒されてしまうことは起こりえます。それを「命懸け」というなら、それはそうでしょう。でもぼくたちにも愛する家族があり、そうやすやすと命なぞ懸けてたまるもんですか。「できることはできるけど、できないことはできない」というのが救助の鉄則なのです。（と、エラソーにここまで書いてふと思ったのですが、それはぼくがもう若い衆を指図する立場になったからで、人に危険なことはさせられないくせに、自分がアブナいことをするのはわりとヘイキなのはなぜなんでしょうか。）

それから「救助隊員に迷惑をかけるな」という声もありますけれど、ぼく自身はレスキューを「迷惑」と思って出動したことは一度もありません。晩酌の缶ビールを目の前に救助要請がかかれば舌打ちのひとつもしてしまいますが、それは迷惑というのではない。医者が患者を迷惑と思わないのと同じことで、誰もそうなろうと思って窮地に陥るわけではないのです。救助はそもそもわれわれの「成すべきこと」であるのです。（と、エラソーにまたまた書いて思ったのですが、若い衆に「ハチローさんって、レスキュー好きっすよねー」と言われて、「アホ、人の不幸が好きなワケあるかいや」と言いつつ、じつはなぜか救助要請があると血湧き肉躍る自分を否定もできないのです……。）

ただし、その遭難へのプロセスがあまりに無謀であったり無茶であったりアホらしかったりすると、助けたその人に対して、ごくまれに、ほんとうにたまに、吠えてしまうこともあるにはありました（ぼくが関西弁で声を荒らげるとかなり威圧的らしく、「ハチは凶暴や」となってしまうのです）。でもそんなときでも、べつに相手に対してメイワクとはぜんぜん思いません。それはもちろん、ウェルカムでもありませんけれど。

二〇一四年度の山岳遭難件数は日本全国で二二九三件、遭難者数は二七九四人、うち長野県で二七二件、岐阜県で一〇六件であったと警察庁の発表にあります。これは一〇年前に比べて明らかに増加傾向にあるようです。でもその数がそもそも多いのか少ないのかはぼくにはわかりません。ただ、そうした統計を見て思うのは、その遭難一件一件に、その遭難者数よりもっと多くの救助に尽力した人々の存在があったということです。

山で遭難した人の数は統計として残ってはいっても、それを助けた側は何の記録にも残されません。でも毎年毎年、発生しつづける山岳遭難の陰には、それを救おうと命懸けで現場に立ち向かった者たちが必ずいます。

そうした、穂高を守りつづけてきたキラ星のような男たちをぼくは知っています。ある者はいまや組織の長となり、ある者は山を離れて地域の安全に尽力し、ある者はいまやリタイヤを迎えようとしています。またあるいは、後進の指導にあたる者、いまなお現役として現場に挑む者、親子二代にわたって救助に携わる者、そしてあの日の救助を胸に生き続ける者……。

穂高の歴史が遭難の歴史であるならば、それはまた、消えゆこうとする命の灯を救おうとして闘ってきた者たちの歴史でもあります。

ぼくはいつしか、現場に立つたびにそうした想いを抱くようになりました。英雄さんが、シノさんが、タカシさんが、そして数えきれない仲間たちが、あるいはこれまで穂高を守りつづけてきた方たちが、ぼくを現場に立たせてくれているのです。ぼくが救助をやっているのではない。ぼくはそうした多くの人の支えによって救助をやらせてもらっているのです。

隊員たちは誰かに評価されたいとか認めてもらいたいとか思って救助に当たっているわけではありません。もちろん人間ですから誉められればうれしいし、頼られれば頑張りもします。でも、彼らを突き動かす源は「好きな山で人を助けてやりたい」という素朴な思いでありましょう。ぼくにはそれがよくわかります。たとえそれが英雄的で献身的な行ないであったとして、そしてそれが誰に知られることもなくても、それぞれの胸にあるささやかな自負と誇りと気概。それが困難な現場へと己を向かわせるのです。

難しくややこしい状況の中で、ひとつひとつその困難を乗り越え、ようやくのことでヘリが要救助者を乗せて飛び去るのを、救助に携わった者なら誰もが胸を熱くしながらその姿を見送ります。そのささやかな満足感と達成感が、やがて「この山を守るのは自分たちだ」という自負と気概へつながっていくのです。

なぜ山に登るのか――そこに山があるからだ。これは有名なやりとりですが、ではなぜ人は人を助けるのでしょうか。

われわれ山岳遭難救助に携わる者は、なにも特別に正義感が強いとか道徳心が高いとかではありません。人よりもことさらに心がキレイということもなければ、人格が優れているということもありません。少なくともぼくはそうです。でも人が人を助けるという行為は尊く、また誰かがやらねばならないことでもあります。人は人を放ってはおけないのです。山は自己責任である、ということにぼくは異論はありません。しかし自己責任であろうがなかろうが、助けることができるところで助けを待つ人がいて、出動に支障がないのなら、救助するのは当たり前です。山岳遭難を前にしてぼくたちが考えることは、「助けるのかどうか」ではなく「助けることができるのかどうか」です。たとえお粗末な遭難であれ、非難や叱責は助けたあとにいくらでもすればいい。まずは救うことです。

ここ数年、毎年のように涸沢の常駐隊に身を置く若いプロガイドがいます。彼をよく知るぼくは、最近子どもが生まれたことも知っていたので、「夏はガイドも書き入れどきやろ？　常駐じゃあ、そんなに稼げんゾ」と問うたことがありました。すると彼は、「そうなんスよね〜。……でも、なんかオレこの仕事好きなんスよ。ガイドでお客さんに喜んでもらえるのはいいんスけど、やっぱ救助したときのあの感じがイイんスよね〜」と。

そんな彼の言葉が、ぼくはなんだかやたらとうれしかったのです。

時代は移ろいます。淡々と、容赦なく、滔々と、淀みなく。しかし、穂高が穂高でありつづけるかぎり、そこで助けを求める者を必死に救おうとする者がいなくなることはありません。

美しさと厳しさ、気高さと激しさ、畏怖と優しさ。そんな相反することが穂高では矛盾することなく存在します。そしてどうしようもなく穂高で起こる悲劇の数だけ、それに立ち向かう熱い想いと行ないも存在するのです。

## 映像で描く串田さんの言葉

『アルプ　特集　串田孫一』（山と溪谷社、二〇〇七年）所収

穂高の稜線では四月からの約半年の間に四季がある。それはちょうど僕が小屋番として穂高で暮らしている期間であり、その凝縮された季節のうつろいは実に多様な山の表情を見せてくれる。大量の雪に覆い尽くされていた山が鼓動し始める春、あらゆる生命が躍動し輝く夏、天高き圏谷が錦に彩られる秋、ただ雪と風だけが山を支配する冬……。

山小屋の仕事の傍らで、ひょんなことからプロ用ビデオキャメラを手にすることになった僕は、そんな穂高の姿をファインダーの中に見続けてきた。しかし、穂高が何かを僕に語りかけてくれているのはわかってはいても、それがなかなかカタチに出来なかった。山への「感情」はあるのに、それが映像としての「言葉」にならなかったのである。

そうしたもの創りの苦しみの中で、幸運にも僕は串田さんの言葉と出逢うことができた。その深い洞察による豊かな描写と格調の高い表現、誠実でありながらどこかユーモアの漂う山への視線、そして何より大自然への愛情に溢れた数々の言葉は、僕

が感じてはいても理解できていなかったことを、あるいは見てはいても思い至らなかったことを、まるでホワイトアウトの中での赤布のように指し示して下さったのである。

ある冬に白銀の穂高を撮りたくて上高地へ向かったときのことである。天気の読みがもののみごとに外れ、大正池のほとりに立ったときには結構な雪降りとなってしまっていた。重い機材を背負ってはるばるやってきたのだから簡単に引き返すことも出来ず、半分凍った湖面に降る雪をただぼうっと眺めていた。やがて、その蛍の舞いにも似た雪の動きを見つめ続けているうちに、それが何かしらを伝えようとしてくれていることに思い至った。そして僕は夢中になってその降る雪を撮りつづけた。

「雪は宇宙の匂いを伝達する」

この串田さんの言葉がなかったなら、僕はあのときに、降りしきる雪こそが冬の主役であることに気づくことが出来たであろうか。

それは遭難救助に出かけて前穂の北尾根でやむを得ずビバークとなったときのことで、もう初雪も近い九月の半ば頃のことであった。冷たい雨の中で行動不能となった遭難者達と何とか遭遇することはできたものの、防寒具やツェルトを彼等へ与えた我々は着の身着のまま狭いテラスで座ったまま夜を迎えることとなった。気がつけば雨はすっかり上がり満天の星空。月はなく、足下は前穂東壁がすっぱりと切れ落ちた漆黒の闇で、何やら吸い込まれそうな気さえしてくる。冷え込みがだんだんと厳しくなる中、そうそう体勢を変える訳にもゆかずじっとしていると、脇にいる相棒の温もりがほのかにヤッケ越しに伝わってきた。そうやって過ごした夜はほんとうに寒く長かった。その、まるで時間が止まったかのような中で、僕たちはひたすら夜明けを待ち続けたのである。星々の煌めく夜空の色が深い黒からやがて群青色を帯び始め、少しずつ少しずつ星の数が減ってゆく。そして東の地平がほのかに色づき、周囲の景色が少しずつ浮かび上がってくる。そうして僕は「夜明け」というものが、どのようにして「夜」から「朝」になってゆくのかをつぶさに眺め続けた。

「世界はこの彩った光を地球に向って投げかけながら、何かを知らせている」という串田さんの言葉を初めて読んだとき、真っ先に浮かんだのはそのビバークで見た「夜明け」の光景であった。そして、不遜にも串田さんの世界を映像で表現したいと考えるようになった僕は、その言葉をテーマに『光の五線譜』という映像作品を創った。

『光の五線譜』は自ら演出も手がけたこともあり、精一杯の情熱と思い入れを注ぎ込んだ。使用した映像はどれも渾身のカットであるとの自負もしている。だが、自分なりに力を尽くしはしたものの、その映像は一般に受け入れられるものとはならなかった。ある友人の評は「……はっちゃん。これが本当に売れると思った？　これを理解出来る人ってそんなに多くいないよ」とのこと。とくに「売れる」ものを創ろうとは初めから思ってはいなかったけれど、たしかに今になって客観的に見てみると、その映像は僕のひとりよがりなしろもので、演出に過剰な部分が多く、串田さんの世界を表現するなどはまったく及んでいないと思う。そう『光の五線譜』は大失敗作となってしまったのである。

けれども、今はつくづくとその失敗は大きな財産であったと思っている。あの作品を創ることとなしに、次のものはあり得なかった。串田さんの世界は、僕のあさはかな想いで簡単に表現できるようなものでは到底ない。だが串田さんの言葉が語る世界は、僕が穂高の中に生きている感動と想いを間違いなく言い得て下さっている。だから、その言葉をもっともっと読み込み、考え、感じたい。そして、自分の欲求や感性のまま自然へ対してレンズを向けるのではなく、被写体への深い洞察や理解を尽くした上でファインダーを覗き、自然が語りかける言葉に真摯に耳をかたむけてゆきたい。

「当然のこととは言え、思うようには彩られなかった私の過去は既に重く、また重きが故に私は振り返る。遥かなる夕映えの中に、もう希望のみの踊る幻影は見つけにくく、ただそこには去って行ったものの空しさとそれを眺めようとする悲しい追憶があるばかりだ。

私はそれではいけないことを知っている。あの氷の山頂に立って、私はただ振り返ることを奪われた一つの動物のように、前に向って力いっぱい踏張っていたい。よろめく私をささえるものは私以外にないことを知っている筈ではないか。」

この串田さんの言葉を胸に、明日も僕は穂高の頂でキャメラを構えてゆこうと思う。

（映像作家）

## 「アルパインクライマー」としての矜持　追悼　今井健司

「人はなぜ山に登るのか」というのは登山を志す者の永遠の問いですが、それは「人はなぜ生きるのか」と考えるのとほぼ同じであると思います。そして生きるということを考えるときには、死というものを無視するわけにはいきません。

およそこの世界に「絶対」という物事はほとんどありませんが、生まれてきたからにはいずれ死ぬということは絶対です。でもそれを前提にしてしまうと、ほとんどのモノやコトが意味を持たなくなってしまいます。だから日常生活で人は死を見つめたりしません。それは忌むべきこととして遠ざけられるのです。人が生存するためにリスクをどんどん取り除いてきた都市においてはなおさらです。しかし被写体を鮮烈に描こうとすれば影が重要となるように、生というものを実感しようとすれば死の存在を意識せざるを得ないのです。

山が新雪に覆われはじめた一一月の初旬、山小屋は半年あまりの営業を終えます。標高三〇〇〇メートルではすでに冬の装いとなっていたのに、小屋を閉めて下山した里はまだ穏やかな秋でした。

そんな小春日和の日だまりにホッとしていたときのことです。ヒマラヤの高峰に挑んでいた友人が、予定日を過ぎてもベースキャンプに戻らないとの連絡を受けました。単独で未踏の北壁に挑んでいたのです。「まさか、アイツにかぎって……」と楽観視したい気持ちと裏腹に、何かとてもイヤな胸騒ぎもありました。

それから一日、二日と経つにつれて、現地からの断片的な情報が伝わってきます。仲間たちと捜索のための支援を呼びかけている最中、遺留品である片方の靴とツェルトが見つかりました。その状況からして彼の遭難は間違いないものとなってしまったのです。


彼、今井健司とはじめて出会ったのは新緑の岳沢でした。

あれはもう何年前であったのか。当時、岳沢ヒュッテ周辺の登山道は、主の上条岳人さんや、ぼくが尊敬する小屋番であった番頭の安井秋雄さんが、それは見事な石畳の道を作り上げていました。岳沢経由で稜線の小屋へ戻ろうとしていたぼくは、その石の道の補修に汗を流す彼に出会ったのです。

「ご苦労さまっ！　……がんばってるなぁ！」と声をかけるぼくに、一瞬いぶかしむ表情を浮かべ、でもすぐに「奥穂の小屋のハチローさんですね！　お名前は聞いてます！」と人なつこい笑顔で応えてくれたのでした。そのときに感じた「純なヤツ」という彼の印象。それは少年のようなその瞳からだったのか、言葉の端々から伝わる山への情熱からだったのか。ともかくその第一印象は後々までずっと変わることはありませんでした。

その後、彼が穂高岳山荘のアルバイトであった女性と所帯を持ったこともあって、折にふれて言葉を交わすようになりました。そのたびに、クライマーとしてどんどん成長していく彼をぼくは感嘆と賞賛の思いで見つめていたのです。

常々ぼくは「アルパインクライマー」という存在に深い憧憬と尊敬を抱いています。ここでぼくがいう「アルパインクライマー」とは、フリークライミングに対するアルパインクライミングという意味ではありません。登山の一ジャンルを指していうのとは少し違うのです。

それは、その人の山に対する生きざまとでもいえばよいでしょうか。たとえば多くの人にその名を知られるアルパインクライマーといえば山野井泰史さんですが、ほとんどのアルパインクライマーは世に知られる存在ではありません。世間が彼らに関心を示さないということもあるけれど、むしろ彼らの側が世の中の物差しに関わろうとしていないといったほうが正しい気がします。およそ一般社会で是とされる価値観の中に彼らはいません。彼らには、都会のオシャレなレストランでの最上級のステーキよりも、風雪の岩壁に張りつきながら啜る一杯のスープのほうがはるかに価値あるものなのです。

トップレベルのアルパインクライミングというのは、おそらく人間が行なう行為の中でもっとも死に近い領域に踏み込むものであり、強靭な肉体と精神とで挑む究極の冒険行為です。でも彼らはなにもやみくもに無謀や危険を求めているわけではありません。名誉や賞賛を求めているわけでもないと思うのです。ただ真摯に自らの生を追求しようとする表現として山へ向かっているのでしょう。

そんな「アルパインクライマー」としてのステップを着実にたどっていた彼と、ぼくは冬の八ヶ岳の赤岳鉱泉で語ったことがありました。

どんな話からそういう言葉に至ったのかはもうあまり覚えてはいませんが、

「あんなぁ、そんなクライミング続けとったら……いずれは死ぬで。嫁はん子供おんねんから、もうそんな悲しませるようなことしたらアカンやん」

そんなぼくの言葉に、珍しくムキになって彼は言いました。

「そうじゃあ、ないンすよ！」

「クライミングと家族との暮らしとは、ボクの中では別のものじゃないンです」

「その、どっちが大切とかいうことじゃあ、ないンです！」

（「なんでハチローさんがそんなこともわかってくれないんですか！」）とでもいうような、哀しそうな目をして彼はぼくを見ていました。


ぼくは山での死というものを多く見てきました。それは無惨で悲惨なものです。なので、人は決して山で死んではいけないとの思いを強く持っています。それは救助に関わる者の誰もが抱く思いです。ですから山小屋で危険と見える登山者には注意します。無謀と思う者は引き止めもします。どこかそれは自分の責務であるとすら思うこともあります。

でもそうした立場に自分があるとき、ぼくはいつも小さな違和感を抱くのです。ぼくごときがそんなことを言っていいのか、人が山へ登ろうとするのを軽々しく諌めてよいのか、と。それは遠慮とか迷いとかとは少し違って……。

ほんとうはぼくにもわかっていたのかもしれません。ある種類の人間は、あえてそうした危険と困難の中に身を置かずにはいられないものであることを。そして誠実に命と向き合おうとすればするほど、その行ないは激しさを増していってしまうことも。

しかし、山という存在が相手である以上それには限界があります。人は不死身ではないのですから。そのギリギリのところ、己の能力の限界近くでなければ感じ得ないものを求め続けることは、この上なくヤバい世界です。そこには死という究極のリスクが存在します。それを承知の上でなお登る「アルパインクライマー」という者たちは、どうしようもない業の中にいるといえます。

それがじつは登山というものの本質なのでしょう。そもそも登山には大なり小なりリスクがつきものです。彼らほど困難を求める登山者でなくても山で命を落とすことはあり得ます。現にぼくはそうした山での死を多く見てきています。でも、そうであってもぼくは登山というものを否定する気にはなりません。山に登らない人からすれば、たとえそれが愚かで価値のない行ないに見えたとしてもです。

「アルパインクライマー」とはつまり、山を登る者すべてを煎じ詰めてその純粋な魂を取り出したような存在であるとぼくは考えています。その純粋さゆえに、その誠実さゆえに、彼ら「アルパインクライマー」たちにとっては、登ることがすなわち生きるということになるのです。

死ぬことを恐れて本当の意味で生きることの難しくなったこの世界で、彼らほど誠実に生きている人たちをぼくはほかに知りません。そのどこまでも純粋かつ真摯な想いで山へ挑み続ける彼ら彼女らを、ぼくは羨望と憧れの眼差しで見つづけてきました。

彼は何処へ行こうとしていたのか。

「アルパインクライマー」でないぼくにはとうていたどり着けない場所であったことは間違いありません。でも少し、ほんの少しはわかる気がします。それは、世の常識や価値観では計ることのできない、説明も言い訳もできない何処かであるのです。

でも彼は「表現」しようとはしていたと思う。自分の「生命」が精いっぱいに輝くその瞬間を。

あんなぁ、今井くん
そんなに急いで高いとこ行ってまうなよ
なんとかオレにその姿、撮らせてくれよ
そんな自分だけの命の輝きを、ちょっとは人に見せてくれよでもそれは、根本的に自分だけにしかわからんもんなんか？
ちょっと察しはするけど
ちょっとはわかるけど

ヒマラヤへ向かった年の七月、珍しく穂高小屋を訪れた今井君と控室で語り合いました。皆と楽しく飲んだあと、なんとなく去り難くて残っていたぼくと彼はいつしか二人だけになっていました。そのときのたくさんの言葉は酔いの中に消えてしまったが、いくつかはっきりと覚えていることもあります。

珍しくそのとき彼はぼくに「本音」を語ってくれたように思います。「アルパインクライマー」としての自分の矜持を語っていました。たぶんそれこそ、ほとんど人に語ることのなかった彼の魂の中心だったのでしょう。

彼が人にその魂の行為をうまく説明できなかったのと同じように、ぼくも彼の行為の理由をうまく言葉にできません。

でもわかるんです。

彼は嫁はんと子供を世界中の誰よりも愛していたし、大切に想っていた。それでも攀じ登らないわけにはいかなかったのです。そうでしか、あいつは生きていられなかったのだと。

たとえそれが死と隣り合わせの行為であったとしても。

*今井健司（いまい・けんし）二〇一五年秋、ネパール・ヒマラヤのチャムラン（七三一九メートル）にて遭難。享年三三。

穂高岳山荘

## 笑顔の旅人

追悼　谷口けい

人は親しい者を突然に喪うと、その事実をすんなりとは受け入れられません。そして、深い悲しみがやってくるのは死の直後ではありません。まず襲ってくるのは大きな衝撃です。その「感情の津波」とでもいえる心の動きは、「まさか」という戸惑いや、「なんでだよ！」という怒りにも似たやりきれなさや、「うそだろう？」という信じがたい思いなどがないまぜになったものです。

けいちゃん、谷口けいが逝ってしまったのは、冬が佳境へと入っていく冬至のころでした。

笑顔の人、元気の人、勇気の人、行動の人、まっすぐな人、ひたむきな人、好奇心の人、前向きの人、ワクワクドキドキの人、エネルギッシュな人、潑剌な人、パワフルな人、天真爛漫な人――。

ぼくはこれまで出会ったなかで、谷口けいほどまわりの者をしあわせにする人を知りません。彼女と時を過ごすと、知らないうちに元気になっている自分がいました。

胸の中に爽やかな風が吹き、あたたかな思いがして、いつのまにか勇気を与えられていました。彼女は、きっと多くの人にとってそうであったように、ぼくにとってもかけがえのない友だちでありました。

ぼくと彼女は、もともとそんなにしょっちゅう顔を会わせる間柄ではありません。でも二〇一五年は、それぞれの季節に言葉を交わす機会がありました。その折々で会った時間の長い短いはあったけれど、彼女から伝わってくる元気やパワーは相変わらずで、その強烈な存在感はぼくの中にずっと残っていました。

その年、ぼくは自分の携わった山岳遭難救助を通じて、「山で死なないために」について書く作業を進めようとしていました。穂高の小屋番という仕事柄、ぼくはこれまでに少なくない方々の山での死に直面しています。なので、当然のように「人は山で死んではいけない」という想いを強く持っていました。自分の経験を書くことで少しでも山の危険を回避してもらえるなら、と思ったのです。

自分がこよなく愛する山で、毎年どうしようもなく起こってしまう山の遭難事故。それに関わり続けていると、いつしか心の中に澱《おり》のようなものが溜まってきてしまいます。「山で死なないためには、山に登らなければよい」と力なくつぶやくしかなかったときもあります。そんななかで谷口けいは、ぼくにとってある種の救いのような存在でした。人と山とが関わるときの、ひとつの正しいあり方を彼女は示してくれていたのです。

それはなにも彼女が数々の高いレベルのクライミングを実践してきたからというわけではありません。その成し遂げた偉業は別として、彼女の山への関わり方そのものが素晴らしかったのです。常に真摯に山と向き合い、注意深さと臆病さを失わず、それでいて対象にどこまでもアグレッシブに臨もうとするその姿からは、教わることがとても多くありました。

そして何より、いつも元気いっぱいのあの笑顔は、およそ「山での死」からはいちばん遠い存在であるように思えたのです。彼女が挑んできた山々が相当のリスクを有していたにもかかわらず、ぼくは谷口けいに山での死の匂いをいささかも感じることはありませんでした。だから彼女が山で死ぬなんてことは、ありえない、あるはずのない、あってはならないことでした。

そんな彼女の遭難の知らせは、ほんとうに信じられませんでした。

自分の拠りどころをいきなり足元からまったく失ってしまう感じ、そのなんともいえない思いをぼくは以前にも味わったことがあります。〝レスキューの師〟とも仰いでいた篠原秋彦氏の二重遭難です。あのときも、急につっかえ棒を失ってしまったような喪失感と、変にふわふわしたむなしい無力感のような気持ちに襲われました。

そして谷口けい。こともあろうに、山に生きる自分にとってかけがえのない存在である人が、もっともあってはならないかたちで命を落としてしまう——。そんな陳腐なドラマみたいな出来事が自分の生涯に一度ならず起きてしまったことに、ぼくは立ち尽くすしかありませんでした。

彼女の死は、とほうもない感情の大波としてぼくを襲い、その後ずいぶん長いあいだ虚無の海の中にいたような気がします。それは、なんだか妙に現実感のある夢をずっと見つづけているかのようでもありました。

そうしてぼくは、ただの一行たりとも自分の言葉を記すことができなくなってしまいました。自分が感じているであろう悲しみを——仮に「悲しみ」と表しはしますが、ほんとうはもっと違った感情であって、どうにも表しようのない心象です——誰かに語りたいとは思わなかったし、またそれを言葉にしたいとも、しようとも、できるとも思えずにいたのです。自分の心情は別として、決まっていた締め切りの期日を前になんとか言葉をひねりだそうにも、そもそも自分が書こうとしていた「山で死んではいけない」という大前提そのものへも疑問を抱いてしまっていました。

はたしてほんとうに人は山で死んではいけないのでしょうか。

そう言ってしまうことは、彼女の死をもどこか否定することになりはしないのか。そんな煩悶すら抱いてしまったのです。また、はるかに実力も経験も劣る自分が、彼女ですら山で命を落としてしまった事実を前に、いったい何をもって「山の安全」などを語れるというのでしょうか。　ぼくは梓川の河原に立つ一本のケショウヤナギの老木のように、ただただ時おり襲ってくる風雪にじっと堪えているしかありませんでした。

しかし知らぬ間に、そして着実に、少しずつ少しずつ季節は移ろいます。気づけば暦は冬至から春分へと過ぎ、花の便りさえ聞こえてきていました。彼女の死から、もう三カ月あまりの時が過ぎようとしていたのです。

人の死は、それがどのようなものであれ悲しみをもたらします。なかでも受け取る側がまったく事前の心構えができない死はことさらダメージが深いといえます。それ故、まったくの突然にその生を断ち切られてしまう山での死は周囲の者を打ちのめします。

ぼくたちは普段の暮らしでは死を極力遠ざけようとするし、それから目をそらそうとします。誰もがいずれは必ず迎えねばならない死ではあっても、それを前提にするとほとんどのモノやコトが意味を持たなくなってしまいます。だから日常で人は自分や親しい者が死んでしまうことを前提としては生きていません。

ぼくは先に彼女の山での死は「ありえない、あるはずのない、あってはならない」ことだと記しました。そして「人は山で死んではならない」とも。

でもぼくはほんとうは知っていたし、わかっていたのかもしれません。どうしようもなく山で人は死んでしまいます。しかもそれはまったく本人も周囲も思いもよらないかたちでやってきてしまうのです。山に風が吹き、雪が舞い、雲が湧くのを誰も止められないように、人が山で死ぬことは誰にもどうすることもできはしません。

それは谷口けいであっても例外ではありませんでした。彼女だけはそうではないと思っていたし、そう思いたかったけれど、それは浅はかでした。篠原秋彦も、岡田昇も、石川友康も、今井健司も、そしてぼくの知る多くの優れた人たちでさえも、山で死を迎えました。いえ、むしろそうした優れた人であったからこそ、山で死を迎えてしまったのだとさえ思えてしまいます。

山を知らない人は「そんな命の危険のあるところへなぜ行くのか」と問います。「わざわざこちらから死に近づこうとするなんてバカげている」「死んでしまっては元も子もないではないか」と。およそ困難な山へと向かう者を、世間の人は理解してはくれません。よりよく生きようとして山へ向かうのだということ、そして、死ぬことを怖れてほんとうの意味で生きることができないことのほうが我慢ならない人たちがいるのだということを理解しようとはしてくれません。その人たちは、そこでこそ自分の命が輝きを放つことを知ってしまっているのです。

山は死ぬための場ではなく最大限に生きるための場です。山へ登るという行為には、感動や喜びとともに不快や苦しみがつきものです。そうした相反することが同時に、それでいて矛盾することなく存在するのが山の世界です。

当然のこととして山に登ろうとする者は、そこで命を落とすことを避けるべく全力で努めます（努めるべきです）。山で生き抜くには経験や知識、何よりも生命力ともいえる体力が必要です。そして注意深く謙虚であらねばなりません。時には運さえ味方につけなければ登れない山だってあります。山での死はその結果としてあるのではありません。死が結果だというのであれば、人は皆いずれ死んでしまうということだけです。死はその生の結果としてあるのではなく、山へ登ることの一部としてそもそもそこに存在しているものです。

だからぼくは「人は山で死んではならない」のではなく、「人は山でより生きねばならない」と記すべきであるのでしょう。


谷口けい、さらにはぼくにとってかけがえのない者たちの山での死、それは途方もない悲しみと寂しさをもたらしました。でもぼくは彼や彼女たちの眩しいくらいのその輝きを知っています。みんなとてもスゴかったし、カッコよかったし、自分を存分に生きていました。

もう会えないことはとても残念であるけれど、共に過ごせた時代《とき》があったことを、ぼくは心から喜び、感謝したいと思います。

＊谷口けい（たにぐち・けい）二〇一五年一二月二一日、北海道大雪山系黒岳で遭難。享年四三。

穂高岳山荘

## 「じゃん」の星

（映像作品「星々の記憶」パンフレットあとがき　より）

今年六月、愛犬の「じゃん」があの世へと旅立ちました。この映画が完成して初演を終えた一週間後のことでした。

一七歳九カ月での大往生ではあっても、その悲しみは深く大きいものでした。わが家の四人の娘が幼いころから、その成長とともにずっと家族の一員としていっしょに暮らしてきたのですから。

穂高の象徴で奥穂の〈衛兵〉たる本物のジャンとは違って、誰にでも「あそぼ！あそぼ！」と人を疑うことを知らない「じゃん」は、門番としてはぜんぜん役には立たなかったけれど、あいつのしっぽパタパタが、どれほど私たちや周囲の人を幸せにしてくれたかわかりません。その存在すべてで人を愛し、人を信じ、無垢な瞳で私たちを見つめ続けてくれました。晩年の年老いてからもなお、生きるということのかけがえなさや大切さを伝えてくれたと感じています。

じゃんが家からいなくなって、いまさらに気がついたことがあります。それは、愛するものを喪った痛みというものはそのときかぎりの出来事ではなくて、現在進行形でずっと続いていくものだということ。いまだに私は家に帰るたび「そうか、じゃんはもうおらんのか」との寂しさを抱いてしまいます。じゃんが逝ってしまったそのときよりも、いまのほうがずっと悲しみが深くなっています。

むろんいつかは時がそれを癒し、やがて悲しみはある懐かしさに変わっていってくれるのかもしれません。でもそれがどのように変わっていったとしても、その存在や想いが私の心から消えることはないように思うのです。

たかが犬の死で、たいそうな言葉を書き連ねてしまいました。でもやはり、愛するものを喪うというのは、それがどんなかたちで、どんな相手であったにせよ切ないものです。

この世界にはそうした無数の、それこそ星の数ほどの悲しみが存在しています。生あるものがいつかその命を終えてしまうことは、この世の数少ない絶対のひとつ。でも人は普段の暮らしでそのことを思いながらは過ごしてはいません。たぶんそうしないと、たいていのモノやコトが無意味になってしまって生きてはいけなくもなります。

すべてが過ぎ去ってしまう時の流れの中で、星々がこの地上に届けてくるかそけき光は、まぎれもなくそこに存在した「あの時」の証であるように思えます。

過ぎた時間は消えてなくなってしまったのではなく、確かにそこにあったのだと思えることは、明日を生きるうえでの大切な燃料になります。

今宵、寒空の中にシリウスがひときわ明るく輝いています。でも「じゃん」の想い出の星とするにはちょっと立派すぎ、なのでどの星を「じゃんの星」にしようかと、降るような星空を見上げているのです。

二〇一七年一一月　穂高小屋にて記

11 月、新雪が降った穂高岳山荘と星空

みやたさん家の「じゃん」

# おにぎり

この一〇月は（というかこの一〇月も）、ぼくが大切に思う何人かがこの世を去ってしまいました。人は生まれたからには、いずれ必ず死を迎えねばなりません。この世に誕生したその瞬間から、人は死に向かって生きているといってもいい。でもきっと、穂高がその厳しさゆえに美しくあるように、きっと人は死があるからこそ、その生が輝くのだとも思います。

わが身を考えてみても、五一年前にはぼくはこの世にいなかったし五一年後ももうこの世にはいません。きっと穂高はそのときも変わらず聳えているのだろうけれど。

さて、いつもはこの時期、お世話になった方々への感謝を記すのが恒例です。もちろん今年もそうした感謝の思いはしみじみと大きいものがあります。

でもあえて、今年はただひとりの人に謝辞を記したい。

わがカミさん、嫁、奥さん、アレ、あいつに……。

いつも、ありがとう。

あなたがいてくれるから、おれはこうしてまた今年も穂高でがんばれました。

そしてあなたのにぎってくれるおにぎりがあったから、また何度も山へ登れたのです。

標高差一五〇〇メートルの白出沢を、おれはもう二〇〇回は登っていると思う。累積およそ三〇万メートル。……スゲーな、エベレスト三〇回以上やん。

その途中の、ちょうど中間点あたりの「荷継ぎ」で、おれは必ずあなたのにぎってくれたおにぎりを頬ばります。ジャンを見上げながら、時には雨に打たれながら。

そのおにぎりは、おれにとっては特別な食いもんです。下界への決別と山への覚悟という、なんともいえん隠し味のするものなのです。

それはおれにとっては、どんな高級な料理よりも美味い食べ物であるのです。

いっしょになる前から「この人のおにぎり、美味いなぁ！」と知っていて、「こんな美味いおにぎり、一生食えたらおれの人生、しあわせやろなぁ」と思ったのは、間違いでなかった。

二〇一六年一〇月二七日　ハチロー記

## 宮田八郎のこと　あとがきにかえて

宮田和子

二〇一八年四月五日、夫の宮田八郎は南伊豆の海で命を落としてしまいました。

高校を出たばかりの自称「紅顔の美少年」と私が最初に出逢ったのは、三十数年前の四月、穂高岳山荘の入山準備で奥飛騨に集合したときでした。当時、彼は天然パーマのくるくる髪の毛、鳥の巣みたいなアタマをし、その大きな目は「ハトが豆鉄砲を食らったように」まん丸で生き生きとしていました。のちにその風貌（おもに髪型）は変わりましたが、それはまぁお互いさまということで、私たちは穂高と関わりながら共に過ごすことになりました。残雪期のアズキ沢をシリセードで滑り降りるかのように、アレヨアレヨという間に四人の娘の親となり、山の稜線のごとく平坦ではない年月を穂高を背景として過ごし、出逢い、教えられ、打ちのめされ、助けられ、与えられ、さまざまな想いを紡いできました。

宮田八郎は身の置き場を標高三〇〇〇メートルの稜線とし、その暮らしの中で、「伝えたい」「伝わるならば」とのさまざまな想いを文章に書きとめ、カメラのファインダーを覗き続けていました。

登った山はいつか下らなければならない。その頂にいつまでもいることはできない。下りの大切さ、下りでこそ見える風景がある——。そんなことを、自分の（私たちの）生き方を捉えながらよく口にしていました。そして穂高への想い、消えてしまった命や生きるということへの想いをカタチにしたのが、二〇一七年制作の映像作品「星々の記憶 in the time and light of Hodaka」です。そこまでして……と思うほど、渾身のチカラを込めて取り組んでいました。映像を通して少しでも想いが伝わってくれたならと。

こう書くとちょっと情熱的な文学青年のイメージを持たれるかもしれませんが、本人がはじめに自白しているように、人より正義感が強いとか親切心に富むとかではない、なんというか不器用な良くも悪くもウソのつけないタイプで、小屋番やって、レスキューやって、ちょっと詩的な映像を撮る、体育会系関西モンのオッさんという感じでしょうか。場を楽しく盛り上げるのがうまい人でした。半面、言葉や態度を深読みしすぎ、それが彼の価値観のナニカにふれるとあの「鳩が豆鉄砲を食らったような」丸い目はギロリと変貌し、「ハチはオソロシィ～ッ」と。そして、アバレてしまったあとはタメ息をつくという、そんなワカリやすいというかアツいというか……。

少なからず宮田八郎と関わってくださった方々は、隠しようもない、ありのままの

〈ミヤタハチロウ〉を知っていることと思います。「見た目と映像が違いすぎる、あの風貌からどうやったらあんな映像（文章）ができるんや」と周りから言われ、「なんや、褒められているような、おちょくられているような……。ま、観てもらえてありがたいってこっちゃなぁ」と二人で笑い合っていました。

宮田八郎は昨年四月、関わっていたヒューマンドキュメンタリー映画の撮影場所と山仲間と行く知床でのシーカヤックの練習場所が近くだという偶然に、意気揚々と南伊豆へ向かいました。その短い連絡の文面に「やりたいことをやっている、アツいキモチでやっている」と感じとれ、私もちょっとワクワク感を共有した気分になったことを覚えています。

その後、「行方不明の宮田八郎を捜す」という、まさかの捜索に時を費やすことになったのですが、身元が確定されるまでの間、そしてその後も、本当にいろいろなことに想いをめぐらせました。いのち、生きるということ、人との出逢い、つながり――。そして、ふっと思ったのです。「こんなにも溢れる想いがあるということを改めて私たちに伝え、心に大切なモノを遺してくれたんだなぁ」と。いなくなってしまったという哀しいキモチはどうにもしようのないことですが、宮田八郎は確かにそこに生きていた、そして心の中で生きている。事実を受け入れることはそうそうできないけれど、そんなふうに感じはじめています。

本書については、途中で行き詰まり書き上げていなかった原稿のことで、山と溪谷社の萩原浩司さんが改めて連絡をくださったのが始まりですが、まずは原稿を読み通すことに時間を要してしまいました。そして内容確認のためレスキュー案件を調べたり仲間たちにお話しを聞くにつれ、彼の姿がまざまざと蘇るとともに、先に逝ってしまった人たちにも想いが揺れ、さらに時間がかかってしまいました。

きっと、ふ〜ッと息を吐いて「あとがき」を書き終えたかったであろう宮田八郎に代わりまして、穂高に、そしてこの本を読んでくださった皆さま、かけがえのない仲間たち、ていねいに原稿とつきあい本書刊行の労をとってくださった出版部長の萩原浩司さん、編集に協力してくださった山本修二さん、宮田八郎と本書に関わってくださったすべての方々に心より感謝いたします。

二〇一九年二月のおわりに　雪の消えた飛騨にて

# 文庫のためのあとがき

宮田和子

二〇一八年四月のまさかの事故からもうすぐ五年、そしてこの『穂高小屋番レスキュー日記』が刊行されて四年が経とうとしています。宮田八郎さん、あなたのしたためた文章を多くの方が読んでくださいましたよ。

〈この先ずっと穂高に、槍に、劔に登り続けていきます。そう！　生きるために山に登ります。〉

〈岩場が大好きでガンガン登っていました。なぜか重太郎新道で道を外してしまい、気がつくと恐ろしい砂利道のような崖っぷちでした。「あ〜私、もうあかんかも……」とほんまに思いましたが、なんとか無事に登山道へ戻りました。それからはマークをしっかり見て歩きました。穂高岳山荘に到着し、夕日に照らし出されたジャンダルムを今でも覚えています。本を読んでいて、人ごとではないと背筋がピン！　となりました。〉

〈ハチローさんがそこで話してくれているようです。どこかで見守ってくれている気がします。〉

このような感想をいただき、穂高（山）を歩こうとする方や山への想いを抱く方たちに少しでも八郎さんの思いが伝わったんだなと、ありがたく、うれしく思っております。少々照れくさいところもありますが。

でも、まぁなんといいますか、「山で死なないでくれ！」と注意喚起していた当人が海の事故で命を落としてしまったのは「うそやろ……、なんでやねん！」なのですが、それが「事故」というものなんだな、とつくづく感じたりもしました。だれも起こそうと思って事故に遭うわけではないし、どんなに気をつけていても災いや事故は予期しないときに起こるものです。わかっていても「うっかり」ということもあります。以来、自分を過信せず、慌てない焦らないと自分に言い聞かせながら山を歩いたり日々を過ごしているのです。

この五年足らずのあいだに、本書『穂高小屋番レスキュー日記』やＮＨＫの番組「穂高を愛した男　宮田八郎　命の映像記録」の制作に協力するなかで、宮田八郎の遺したものをたくさん見てきました。

小学六年生のときの「自由勉強ノート」には表紙に赤く大きく㊙と書かれていて、「先生に提出するのになんで㊙やねん」と一人ツッコミをいれながらページをめくると、濃い鉛筆で書かれた文章や絵がいくつもあり、読まずにはいられませんでした。本人がいれば「そんなモン、見んでええ！　見るなッ」と言うだろうなと思いながら。

〈4月18日
ぼくは山がだいすきだ。去年は夏は北アルプスの立山へ、冬は南アルプスの甲斐駒ケ岳・仙丈岳へ。20kgの重いリュックをかついで上がるのは、ほんとうにつらい。けれど頂上へつきながめるけしきは、ほんとうにすばらしい。3000米級の山々がつらなっているのだ。なんせ、口ではいいあらわせられない。これからもいろんな山へ行きたい。目標は、スイスのマッターホルンだ。（立山、甲斐駒、剱岳の絵）〉

〈先生は加藤文太郎ていう人をしっていますか？　この人は神戸にすんでいた登山家です。この人は神戸からふるさとの浜坂町へ歩いて帰ったのです。そればかりか当時北アルプスも今ほどひらけていなく秘境と呼ばれるところがたくさんありました。しかしこの人は単独行でいったのです。……北アルプス・槍ヶ岳にてしょうそく不明……〉

〈8月10日～8月17日

南アルプス〈夜叉神峠1770米・鳳凰三山2841米・仙丈ケ岳3033米・駒ケ岳2966米 を縦走〉〉

〈8月24日〜8月28日
北アルプス　立山（奥大日岳往復）〉

〈ぼくは絵やマンガをかくのがだぁいスキ（おおたひろみも）〉と書いた自己紹介のヨコに「先生もすきです。」と赤ペンで先生のコメントがあったりと、笑いどころ満載なのですが、こと山について書いた文章を読むと、「小学六年生でこんなに山に行っていたんかい！」と、その様子を思い浮かべて感心させられました。知り合った頃、駒ヶ根市宮田村の道を車で走っているときに、冬に行った北沢峠からの南アルプスは「寒くてやぁ〜、めっちゃしんどかった〜」と聞いた覚えがあります。

そして、中学校の文集に載っている「大自然」と題した一年生のときの作文を読んで、このころの登山が、のちの宮田八郎という人間の思考と行動に大きな影響を与えていたのだなと深く感じ入ったのです。ただこの文章、どこかの本やガイド本のパクリ？（笑）、それとも先生の添削？と思えるところが多々あって、本当のところを知っている人がいたら教えてもらいたいものです。

〈「大自然」〉


白い噴煙が限りない青さの空に浮かび上がっている。

「焼岳ですよ」タクシーの運転手のおじさんが言った。焼岳は標高二千四百五十五メートルの山で今でも噴煙を上げている火山だ。そしてしばらくすると右の方に鋭い岩の山が見えてきた。「西穂とちがう?」僕が聞くと「そうだな、西穂だ」と父が言った。そして車は大正池の近くを通り抜け、森林の中を走り抜けて止まった。

「それでは気を付けて楽しい山行きをしてください」と運転手さんが見送ってくれた。荷物をかつぐと二十キロの重さが肩に加わったが足どりは軽く、河童橋へとむかった。そして遠く前を見ると穂高連峰が僕たちをつつみこむようにそびえていた。

父と僕と姉の三人は今、北アルプス上高地にいる。今朝まだ夜が明けきらないうちに家を出、新幹線で名古屋まできてそして中央線経由で松本、そしてそこからタクシーで上高地までやってきた。今回の山行きでの予定コースは、上高地―徳沢園―長塀山―蝶ヶ岳―常念岳―大天井岳を経て槍ヶ岳、そして双六岳―三俣蓮華岳―雲の平

—薬師沢小屋—太郎平—薬師岳往復—有峰口へ下山という全長四十五キロ以上にもおよび極めて雄大なコースだ。

上高地でしばらく目を楽しませた後、井上靖の小説『氷壁』で有名な徳沢園へむかった。地図の上では二時間ぐらいだが実際には一時間半ほどでついた。今日はここにテントを張り早めに床へつくことにする。明日の蝶ヶ岳の登りはきついそうだ。

朝起きて見ると雲ひとつない快晴だ。今日は山に体を慣らすためにも蝶ヶ岳どまりだが高度差は千メートルはある。朝食をゆっくりとすませ出発、蝶ヶ岳から西にのびている長塀尾根のきつい登りにとりかかる。陽光のない樹林帯が続くジグザグの長い尾根路を一歩一歩登りつめていくとようやく長塀山のピークに出た。そして昼食をとり、もうしばらくがんばると蝶ヶ岳のテント場に着いた。すぐにテントを張り、夕食の準備にかかった。

次の日、左に西穂、奥穂、前穂、北穂などの山々を、そして目指す槍ヶ岳を見ながら常念岳へとむかった。途中いくつかのピークを越え、苦しい常念の登りをおえるとガスが出てきて視界が悪くなってきた。それまで常念の頂上に立っていい気分になっていたがなんとなく不安になってきた。急いで常念小屋へ下っていって小屋へ着いたらほっとした。時間的には行動できないこともないが無理はせずテントを張った。

今日は朝早くから行動をおこし、大天井岳を急ピッチで越えてきた。そしていよいよ日本のマッターホルンとよばれる北アルプスの盟主槍ヶ岳に近づいてきた。槍ヶ岳は北アルプスのほぼ中央部に位置し、そこからは四つの尾根が出ていて、中でも北鎌尾根は、加藤文太郎を始めとする数多くの登山家の命をうばっている。僕たちは東鎌尾根を登った。鎖、梯子などが取り付けてあり、危険な所もいくつかあったがケガも無く無事に登っていけそうだったが、ヒュッテ大槍のすぐ下まできた所で雷とともに雨がふってきた。北アルプスへ来る前に槍ヶ岳で三人ほど雷で死んだという話を聞いていたのであわてて小屋へ逃げこんだ。雨が弱くなるのを見てもう少し上にある殺生ヒュッテへむかう。槍ヶ岳には頂上近くから順に槍ヶ岳山荘、殺生ヒュッテ、ヒュッテ大槍と三つ山小屋があるが、頂上に近い所でテント場のある所というので殺生ヒュッテのテント場に急いでテントを張った。テントの中に入るとほっとした。明日は槍の頂上で御来光を見るため早速寝袋へ足をつっこんだ。

朝、というより夜中の、午前二時半に父に起こされて朝食を急いでとり頂上へむかった。空を見ると満天の星の夜空の中に槍の穂がうかび上がってせまってくるようだ。鎖、梯子などスリル満点の道を登ると三千百八十メートルの槍ヶ岳の頂上だ。一番乗りだと思っていたが先客がいた。その人達に聞くとなんと頂上で一夜を明かしたそうだ。頂上は周りが切れ落ちており、三十人ぐらいしか人が立てないような所だ。テント場を出る時は完全な夜だったのにいつのまにかうっすらと明るくなってきた。四日間縦走してきた蝶ヶ岳、常念岳、大天井岳等の山々の向こうに松本盆地の街の明かりが見え、その遥か彼方の地平線が赤く染まり、去年の冬と夏に行った南アルプス、その横にかすかに見える富士山、この山行きが終わってから一週間後に行く予定の立山、そして雪と岩の殿堂穂高連峰、北アルプスすべての山々が朝日をいっぱいに受け、あたり一面がモルゲンロートに輝いている。まるでおろかな人間をつつみこもうとしている。周りはもう槍ヶ岳山荘から登って来た人でいっぱいになっていた。そしてその誰もが満足しきった顔をしている。下界ではさまざまな悪をさらけ出す人間が、自然の中ではなぜこうも素直になれるのか。人間が、人類が自然を壊していくかぎりきっと人類はほろぶだろう。人が死ぬとかならず自然に帰るではないか。我々人類を生みだしたのもまた自然ではないのか。だったらなぜ人は自分に逆らい自然に逆らうのか。

この後も有峰口へ下山するまでの四日間、全部で八日間にわたりふだん学べないことを自然に教えてもらった。それらのことをこれからの自分の生き方に生かし自分の道を歩きたい、自分に正直に。〉

そして高校三年の夏、穂高岳山荘へ行き、当時支配人をされていた神憲明さんに高校卒業後、穂高岳山荘で働かせてもらいたいとお願いし、翌年二月末に穂高岳山荘「今田英雄様」宛てに履歴書とともに手紙を送付したようです。ようです、というのは、左記のような下書きを見つけたからです。

今田英雄様

拝啓

ますますご隆盛のこととお慶び申し上げます。

さて、私、昨年の夏八月十七・十八日に穂高岳山荘に伺い、その折、今年の山荘開設期にそちらで働かせていただきたく思うことをお話したものです。そうしましたところ、神さんといわれる方に快諾していただき、履歴書を送るよういわれていたのですが今となってしまいました。誠に申し訳ございません。

私、今春に高等学校を卒業したばかりの若輩者で、山の経験も夏山しかございませんが、そちら様が許されるのであれば、できるだけ長期使って頂けたらと考えております。ここに履歴書を同封させていただきます。精一杯頑張りますので、なにとぞよろしくお願い申し上げます。

敬具

昭和六十年二月二十八日

宮田八郎

こうして穂高と穂高岳山荘と宮田八郎の物語が始まったのですね。

八郎さんが消息を絶つ一カ月前の二〇一八年三月はじめ、地元飛騨神岡で映像とトークの小さなイベントを開きました。そのときに話すネタの覚えとして制作ノートに走り書きがあります。

〈穂高に居ると抗い難い自然の力というものに接することがよくある。
人は自然だけではなく、歴史つまりは時の流れというものにも抗うことはできないようである。〉

この毎年書いていた制作ノート、次に創ろうとしていた映像作品の構成案らしきメモの最後にこう記されています。

〈穂高叙景〉

〈穂高よ　さらば〉

世の中はいろいろな出来事が起こり、暮らしぶりを変えざるを得ないことも多くなりました。そんな日々の中でも、山々は変わりなくそこに聳えているし、こちら側が見ようとすれば見える風景や感じる何かがあると思います。そんなふうに思いながら今年も穂高の懐を歩いてきました。

ちょっと心残りなのは、白出から穂高岳山荘へのあの道を今年は歩かなかったこと。荷継ぎでふ〜っとひと息ついておにぎりを食べることも、あの石垣を見上げながらひぃこら歩いて平らな石畳に着くことも今シーズンはありませんでした。なんだか宿題をやらなかったときのような気分ですが、「まぁ、ムリせんとまたこんど、ぼちぼち登りゃあエエやん」と、天の声（笑）が聞こえた気もしています。

涸沢の紅葉が気になり始めるころ、山と溪谷社の萩原浩司さんから文庫化のお話を伺いました。二〇一九年春の刊行以来、思いのほかたくさんの方に読んでいただいたようなので、さらに文庫本を手にとってくれる方がいらっしゃるかどうかと思いますが、単行本は入手しづらくなっているようですのでうれしいことです。ちょっと長くなりましたが、「文庫のためのあとがき」と称して、ハチロー少年の作文をみなさんに公開してしまいました。「文句の言いよう、ないやろ……」と、ちらり八郎さんの写真に向かって笑いかけながら。

あらためて、本書の再編集の労をとってくださった萩原浩司さん、私の拙い文章におつきあいくださった山本修二さん、そして文庫本を手にしてくださった方々に心より感謝いたします。

二〇二二年冬　穂高が原始の姿に戻るころに

## 宮田八郎　年譜

| | |
|---|---|
| 1966年4月4日 | 神戸に生まれる |
| 1985年 | 穂高岳山荘でアルバイトを始める |
| 1991年 | 穂高岳山荘スタッフとなる |
| 1994年 | 穂高岳山荘支配人となる（～2006年） |
| 1996年3月 | 日本放送協会名古屋放送局から山岳風景等撮影取材に対する表彰状を贈られる |
| 1996年 | 「風と太陽の稜線で ―穂高岳山荘物語―」（穂高岳山荘）映像作品制作 |
| 1998年 | 「天空漫歩」「穂高の四季」（奥飛観光開発）映像制作 |
| 2000年 | 「穂高　稜線の博物誌」（文芸春秋）映像作品制作 |
| 2001年4月 | 映像制作会社ハチプロダクションを設立 |
| 2001年 | 「神河内そして穂高」（山と溪谷社）映像制作 |
| 2001年5月 | 北アルプス南部地区遭難防止対策協会から遭難防止活動に対する感謝状を贈られる |
| 2002年 | 「レスキュー 篠原秋彦の軌跡」（トーホーエアーレスキュー）映像制作 |
| 2003年 | 「雪炎」（岡田昇遭難対策委員会）映像制作 |
| 2004年 | 「Angel Trip 穂高を翔ぶ」（3190Project）映像・VHS,DVD制作 |
| 2005年 | 「山の彼方の空遠く ―穂高岳山荘物語―」（穂高岳山荘）映像・VHS,DVD制作 |
| 2006年 | 「光の五線譜」（ハチプロダクション）映像・DVD制作 |
| 2007年 | 「四季 穂高」（山と溪谷社）映像・DVD制作 |
| 2007年3月 | 松本警察署から遭難救助活動に対する感謝状を贈られる |
| 2008年 | 「白い花はなぜ白い ―哲ちゃん・映像作家―」（いせフィルム）撮影協力 |
| 2009年 | 「冬の八ヶ岳 II」（山と溪谷社）撮影 |
| 2010年 | 「雪の穂高岳」（山と溪谷社）撮影 |
| 2011年 | 「涸沢讃歌 ―氷河圏谷の四季―」（涸沢ヒュッテ）映像・DVD制作 |
| 2012年 | 「傍（かたわら） ―3月11日からの旅―」（いせフィルム）撮影 |
| 2013年 | 「小屋番 ―涸沢ヒュッテの四季―」（涸沢ヒュッテ）映像・DVD制作 |
| 2013年 | 「穂高をゆく」（第1集　ハチプロダクション）映像・DVD制作 |
| 2014年 | 「穂高をゆく」（第2集　ハチプロダクション）映像・DVD制作 |
| 2015年2月 | 高山警察署から遭難救助に対する感謝状を贈られる |
| 2015年6月 | 長野県山岳遭難防止対策協会から遭難防止及び救助活動に対する表彰状を贈られる |
| 2015年7月 | 岐阜県公安委員会から遭難救助及び遭難防止活動に対する感謝状を贈られる |
| 2016年11月 | 高山警察署から遭難救助及び遭難防止活動に対する感謝状を贈られる |
| 2016年 | 「いのちのかたち ―画家・絵本作家 いせひでこ―」（いせフィルム）撮影 |
| 2017年 | 「やさしくなぁに ―奈緒ちゃんと家族の37年―」（いせフィルム）撮影 |
| 2017年 | 「星々の記憶」in the time and light of Hodaka　ハチプロダクション　DVD制作 |
| 2018年（2019年） | 「えんとこの歌 ―寝たきり歌人・遠藤 滋―」（いせフィルム）撮影 |
| 2018年4月5日 | 南伊豆にてシーカヤック中に落命。享年52 |
| 2018年7月 | 高山警察署から遭難救助及び遭難防止活動に対する感謝状を贈られる |
| 2018年7月 | 松本警察署から遭難救助及び遭難防止活動に対する感謝状を贈られる |
| 2019年4月 | 山と溪谷社より遺稿集『穂高小屋番レスキュー日記』刊行 |
| 2019年11月3日 | NHK BS1で「穂高を愛した男　宮田八郎 命の映像記録」が放送される |

# 穂高小屋番レスキュー日記

二〇二三年二月五日　初版第一刷発行

著　者　宮田八郎
発行人　川崎深雪
発行所　株式会社　山と溪谷社
郵便番号　一〇一-〇〇五一
東京都千代田区神田神保町一丁目一〇五番地
https://www.yamakei.co.jp/

■乱丁・落丁、及び内容に関するお問合せ先
山と溪谷社自動応答サービス　電話〇三-六七四四-一九〇〇
受付時間／十一時～十六時（土日、祝日を除く）
メールもご利用ください。
【乱丁・落丁】service@yamakei.co.jp
【内容】info@yamakei.co.jp
■書店・取次様からのご注文先
山と溪谷社受注センター　電話〇四八-四五八-三四五五
ファクス〇四八-四二一-〇五一三
■書店・取次様からのご注文以外のお問合せ先
eigyo@yamakei.co.jp

印刷・製本　大日本印刷株式会社
定価はカバーに表示してあります


Printed in Japan ISBN978-4-635-04957-3

# ヤマケイ文庫の山の本